Lehrerhandbuch 1

Wir
Grundkurs Deutsch für junge Lerner

bearbeitet von
Eva-Maria Jenkins
und
Julia Thurnher

Ernst Klett Sprachen
Stuttgart

1. Auflage 1 5 4 3 2 | 2008 2007 2006 2005 2004

Alle Drucke dieser Auflage können nebeneinander benutzt werden,
sie sind untereinander unverändert.
Die letzte Zahl bezeichnet das Jahr des Druckes.

Das Werk und seine Teile sind urheberrechtlich geschützt. Jede
Nutzung in anderen als den gesetzlich zugelassenen Fällen bedarf
der vorherigen schriftlichen Einwilligung des Verlages. Hinweis zu
§ 52 a UrhG: Weder das Werk noch seine Teile dürfen ohne eine
solche Einwilligung eingescannt und in ein Netzwerk eingestellt
werden. Dies gilt auch für Intranets von Schulen und sonstigen
Bildungseinrichtungen.

Giorgio Motta
Wir – Ein Grundkurs für Jugendliche
italienische Ausgabe
© Loescher Editore, Turin 2002.

Wir – Grundkurs Deutsch für junge Lerner
internationale Ausgabe
© Ernst Klett Sprachen GmbH,
Klett Edition Deutsch, Stuttgart 2004
Alle Rechte vorbehalten.

Internet: www.klett-edition-deutsch.de
E-Mail: edition-deutsch@klett.de

Redaktion: Eva-Maria Jenkins, Wien
Herstellung: Katja Schüch
Satz: Jürgen Rothfuß, Neckarwestheim
Druck: Druckhaus Götz GmbH, Ludwigsburg • Printed in Germany
ISBN 3-12-**675752**-9

ISBN 3-12-675752-9

Inhaltsverzeichnis
Wir – Grundkurs Deutsch für junge Lerner

Allgemeine Hinweise 4

Modul 1: Lektion 1 Seite	**Modul 1: Lektion 3** Seite
Didaktische Hinweise 7	Didaktische Hinweise 16
Lösungen und Hörtexte Kursbuch 9	Lösungen und Hörtexte Kursbuch 18
Lösungen und Hörtexte Arbeitsbuch 10	Lösungen und Hörtexte Arbeitsbuch 19
Test 11	Test 20
Modul 1: Lektion 2	**Modul 1: Lektion 4**
Didaktische Hinweise 12	Didaktische Hinweise 21
Lösungen und Hörtexte Kursbuch 14	Lösungen und Hörtexte Kursbuch 23
Lösungen und Hörtexte Arbeitsbuch 14	Lösungen und Hörtexte Arbeitsbuch 24
Test 15	Test 25

Modul 1: Wir trainieren: Hörtexte und Lösungen, Sprechkarten 26
Modul 1: Abschlusstest 28 Lösungen zu den Tests von Modul 1 29

Modul 2: Lektion 1 Seite	**Modul 2: Lektion 3** Seite
Didaktische Hinweise 30	Didaktische Hinweise 39
Lösungen und Hörtexte Kursbuch 32	Lösungen und Hörtexte Kursbuch 42
Lösungen und Hörtexte Arbeitsbuch 32	Lösungen und Hörtexte Arbeitsbuch 42
Test 34	Test 44
Modul 2: Lektion 2	**Modul 2: Lektion 4**
Didaktische Hinweise 35	Didaktische Hinweise 45
Lösungen und Hörtexte Kursbuch 36	Lösungen und Hörtexte Kursbuch 47
Lösungen und Hörtexte Arbeitsbuch 37	Lösungen und Hörtexte Arbeitsbuch 48
Test 38	Test 50

Modul 2: Wir trainieren: Hörtexte und Lösungen, Sprechkarten 51
Modul 2: Abschlusstest 54 Lösungen zu den Tests von Modul 2 55

Modul 3: Lektion 1 Seite	**Modul 3: Lektion 3** Seite
Didaktische Hinweise 57	Didaktische Hinweise 68
Lösungen und Hörtexte Kursbuch 59	Lösungen und Hörtexte Kursbuch 70
Lösungen und Hörtexte Arbeitsbuch 60	Lösungen und Hörtexte Arbeitsbuch 71
Test 61	Test 72
Modul 3: Lektion 2	**Modul 3: Lektion 4**
Didaktische Hinweise 62	Didaktische Hinweise 73
Lösungen und Hörtexte Kursbuch 64	Lösungen und Hörtexte Kursbuch 75
Lösungen und Hörtexte Arbeitsbuch 65	Lösungen und Hörtexte Arbeitsbuch 76
Test 67	Test 78

Modul 3: Wir trainieren: Hörtexte und Lösungen, Sprechkarten 79
Modul 3: Abschlusstest 83 Lösungen zu den Tests von Modul 3 84

Wir – Grundkurs Deutsch für junge Lerner

Der Kurs wendet sich an Jugendliche von etwa 10-15 Jahren. Er führt in drei Bänden zu den bekannten Jugend-Prüfungen des Goethe-Instituts Fit in Deutsch 1 und Fit in Deutsch 2 und des österreichischen Sprachdiploms KID 1 und KID 2 (Wir A 1 und Wir A 2) sowie zum Zertifikat Deutsch (Wir B1). Das Lehrwerk orientiert sich an den Niveaustufen des Gemeinsamen europäischen Referenzrahmens.

Lehrwerkteile

Die drei **Kursbücher** (vierfarbig, mit vielen Fotos und Zeichnungen) sind modular aufgebaut und enthalten pro Band jeweils 3-4 Module à 3-4 Lektionen. Die Themen der Lektionen werden in den Modulen zu einem übergreifenden Thema zusammengefasst.

Die Kursbücher werden ergänzt durch **Arbeitsbücher** (zweifarbig, mit Fotos und Zeichnungen). In die Arbeitsbücher integriert ist das Wörterheft mit dem Wortschatz der Lektionen im Kontext und Schreiblinien für die Übersetzung der Kontextbeispiele.

Zu jedem Kursbuch gibt es
- eine **Kassette / CD** mit den Hörtexten sowie
- ein **Lehrerhandbuch** mit didaktischen Hinweisen, den Transkriptionen der Hörtexte in Kurs- und Arbeitsbuch sowie den Lösungen aller Übungen und Aufgaben in Kurs- und Arbeitsbuch. Im Lehrerhandbuch befinden sich auch die Sprechkarten zur Fertigkeit Sprechen im Teil „Wir trainieren ..." sowie Tests zu jeder Lektion und ein Abschlusstest zu jedem Modul.

Aufbau der Kursbücher

Die Themen:

Wir 1: **Drei Module mit je vier Lektionen**
Modul 1: Ich, du, wir ...
Modul 2: Bei uns zu Hause
Modul 3: Alltägliches

Wir 2: **Drei Module mit je drei Lektionen**
Modul 4: Freizeitaktivitäten
Modul 5: Krank, gesund, ungesund
Modul 6: Mein Stadtviertel, meine vier Wände ...

Wir 3: **Vier Module mit je drei Lektionen**
Modul 7: Pläne
Modul 8: Gestern, vorgestern, Es war einmal ...
Modul 9: Persönlichkeit, Mode, Beziehungen
Modul 10: Gesellschaft, Umwelt, Medien

Die Module:

Der Aufbau der Module ist sehr übersichtlich und enthält immer wiederkehrende Rubriken.

Allgemeine Hinweise

Modul-AUFTAKTSEITE:
- Du lernst ...   Übersicht über die kommunikativen Lernziele

LEKTIONEN 1 - 4 (3): kleinschrittige Erarbeitung der Sprachmittel
- Kommunikativer Einstieg   Bildimpuls mit Dialogsituation
- Bausteine   Die verwendeten Strukturen werden bewusst gemacht.
- Grammatikkästen   Punktuelle Hinweise zur Grammatik
- Wortschatz wiederholen   Übungen zum Wortschatz der Lektion
- Aussprache   Ausspracheübungen: Einzellaute, Intonation, Wortakzent
- Du kannst ...   Rückblick auf die gelernten Sprachmittel
- Wir singen   Wortschatz und Grammatik im Lied

Dazwischen wird jeweils auf die entsprechenden Übungen im Arbeitsbuch verwiesen.

WIR TRAINIEREN: Gezieltes Fertigkeitentraining
- Hören
- Lesen
- Schreiben
- Sprechen

GRAMMATIK
Systematisierung der Grammatik in den Lektionen mithilfe von Übersichten, Aufgaben zur Reflexion, zum selbstständigen Entdecken von Grammatikregeln und zum Sprachvergleich.

TESTE DEIN DEUTSCH
Hier können die Lernenden selbst testen, wie gut sie Wortschatz und Grammatik der vorangegangenen Lektionen beherrschen.

Das Konzept

Wir ist ein **kommunikativer Kurs**, der die Lernenden mit altersgemäßen Themen zum Sprechen bringt. Die meisten Aufgaben im Kursbuch sind für Partnerarbeit und Gruppenarbeit konzipiert, in denen die Sprache so natürlich wie möglich angewandt wird. Dazu kommen zahlreiche Spielvorschläge, in denen Wortschatz und Grammatik spielerisch eingeübt werden. In **Wir 1** liegt der Schwerpunkt auf der Kommunikation in der unmittelbaren Lebenswelt der Jugendlichen: Familie, Freunde, Schule. In **Wir 2** wird das Angebot um die Arbeit mit abwechslungsreichen Textsorten erweitert: Gesundheits- und andere Selbsttests, wie man sie aus Zeitschriften kennt, ein Rezept zum Nachkochen, Leserbriefe, landeskundliche Informationstexte, Bildergeschichte, Stadtplan. In **Wir 3** sind Gefühle, Mode, Zukunftspläne, eine Sprachreise, soziales Engagement und die Medien (Wie entsteht eine Schülerzeitung?) die Themen der Jugendlichen. Hör- und Lesestrategien bereiten in Wir 3 auf die Zertifikatsprüfung vor. Verweise in den Kursbüchern führen zu den passenden Übungen im **Arbeitsbuch**. Neben den Schreibaufgaben gibt es in den Arbeitsbüchern auch zahlreiche kommunikative Aufgaben, die zunächst gemeinsam in der Klasse oder mit einem Partner (oder mehreren Partnern) durchgeführt werden können. Zur Wiederholung und Festigung kann man die Aufgaben in Hausarbeit noch einmal schriftlich durchführen lassen. Das Arbeitsbuch enthält auch den Wortschatz der Lektionen mit Kontextbeispielen in der Reihenfolge des Vorkommens. Dazu gibt es Schreiblinien für die Übersetzung.
Wie ein „roter Faden" ziehen sich Ausschnitte aus dem Leben der **Familie Weigel aus Augsburg** (Vater, Mutter, der 11-jährige Stefan und die 14-jährige Tina) durch die Lektionen. So bekommen die Lernenden Einblicke in das Leben einer deutschen Familie und können es mit ihrer eigenen Realität vergleichen.
Auch Österreich und die Schweiz kommen in den landeskundlichen Abschnitten vor.

Allgemeine Hinweise

Die **Grammatikprogression** entspricht den kommunikativen Bedürfnissen der Lernenden im Rahmen der behandelten Themen. Die Grammatik wird in den Lektionen induktiv eingeführt und in kommunikativen Zusammenhängen geübt, kleine **Grammatikkästen** unterstützen die richtige Anwendung des Gelernten. Die nachfolgende Systematisierung der Grammatik mit Hilfe von Übersichten und Sprachreflexion findet in dem **separaten Grammatikteil** statt, der die grammatischen Themen der Lektionen pro Modul zusammenfasst. Dabei werden die Lernenden dazu angeleitet, die grammatischen Regeln selbst zu entdecken („Ergänze die Regel"), auch werden sie immer wieder zu Vergleichen mit der Muttersprache und zur Übersetzung der Beispielsätze aufgefordert. Auf diese Weise wird die Sprachaufmerksamkeit („language awareness") der Lernenden erhöht. An speziellen, thematisch gebundenen Grammatikübungen erproben die Lernenden, ob sie das grammatische Phänomen verstanden haben und anwenden können. Die Grammatikkapitel der Übersichtsgrammatik sollten nicht in Form von separaten „Grammatikstunden" behandelt werden, sondern jeweils in die Arbeit mit den Lektionen einbezogen werden.

Es erhöht die **Motivation der Lernenden**, wenn sie die Ergebnisse ihrer Arbeit von Zeit zu Zeit auch selbst überprüfen können. Deshalb bietet die systematische Grammatik am Ende die Lösungen sowohl für die zu ergänzenden Regelformulierungen als auch für die grammatischen Zusatzübungen. Allerdings wird das verfrühte „Spicken" erschwert: Die Lösungen sind in kleiner Schrift und auf den Kopf gestellt gedruckt. Die Lösungen zu den Selbsttests am Ende jedes Moduls befinden sich in den drei Bänden auf der letzten Seite des Kursbuchs, so dass die Lernenden ihre Ergebnisse selbst, einzeln oder wechselseitig in Partnerarbeit überprüfen können.

Das gezielte **Training der Fertigkeiten** ist aus den Lektionen in den Teil **„Wir trainieren"** ausgelagert. Damit ist beabsichtigt, dass die Jugendlichen einerseits unbeschwert in der Fremdsprache kommunizieren (während der Arbeit in den Lektionen), andererseits gezielt auf die Prüfungsanforderungen vorbereitet werden, indem sie mit Aufgaben, wie sie in den Prüfungen vorkommen, konfrontiert werden.

Abkürzungen im Lehrerhandbuch:

S =	Schüler / Schülerin	Ü =	Übung
L =	Lehrer / Lehrerin	HÜ =	Hausübung
PA =	Partnerarbeit	Sg. =	Singular
KG =	Arbeit in Kleingruppen	Pl. =	Plural

Auf den Seiten 10, 33, 41, 56, 80, 85 finden Sie Kopiervorlagen für Zusatzübungen.

Hallo!

Situation: Stefan und Tina stellen sich vor.

Sprechintentionen:
- grüßen
- sich vorstellen
- nach dem Namen und dem Alter fragen
- bis 20 zählen

Strukturen: das Verb *heißen* (1. und 2. Person Sg.), das Verb *sein* (1. und 2. Person Sg.), Fragen, das Fragewort *wer?*.

❶ Beginnen Sie mit der Begrüßung in der Klasse und führen Sie dabei gleich die Strukturen *Ich heiße ... Wie heißt du?* ein. Spielen Sie die Hörtexte zuerst bei geschlossenen Büchern vor. Die S können so die zuvor gehörten Strukturen wieder erkennen. Weisen Sie die S auch auf die neuen Strukturen *Grüß dich! Ich bin ... Wer bist du?* hin. Präsentieren Sie den Hörtext nun noch einmal bei geöffneten Büchern. Die S hören und lesen mit. Achten Sie dabei von Anfang an auf eine korrekte Aussprache.

❷ **Bausteine:** In den „Bausteinen" werden die gehörten (und gelesenen) Einführungsdialoge (oder Texte) noch einmal angeboten, aber jetzt mit sorgfältig definierten Lücken. Bei der Bearbeitung der Bausteine *(Lies und ergänze dabei.)* suchen die S aus dem Dialog / Text die fehlenden Teile heraus. Dabei wird die Aufmerksamkeit der S auf bestimmte sprachliche Strukturen gelenkt, die im Folgenden erarbeitet werden. Gleichzeitig helfen die Bausteine bei der Verständnissicherung. Die Bausteine sollen zunächst mündlich in der Klasse bearbeitet werden (in einem ersten Schritt in PA, dann im Plenum). L kann auch schon erste grammatische Hinweise geben, aber nur sehr diskret, um den kommunikativen Ansatz nicht zu belasten. Eventuell können die S die Bausteine als HÜ noch einmal schriftlich ergänzen.

❸ Partnerarbeit: Die S machen mit den Bausteinen aus Ü2 Begrüßungsdialoge mit ihren eigenen Namen.

❹ Reihenübung im Plenum: Die S erfragen der Reihe nach ihre Namen. Achten Sie darauf, dass die S alle drei Strukturen *Wie heißt du? Wer bist du? Heißt du ...?* einüben. Weisen Sie die S auch auf den Grammatikkasten hin. Variante: Bringen Sie einen weichen Ball in den Unterricht mit. Werfen Sie den Ball einem S zu und fragen ihn dabei nach dem Namen. Der S fängt den Ball und antwortet. Dann wirft er den Ball einem anderen S in der Klasse zu und fragt diesen nach dem Namen usw. Auf diese Weise lernen die S, spontan zu antworten.

❺ Die S lernen bekannte weibliche und männliche Vornamen kennen. Lesen Sie die Namen einzeln vor und lassen Sie die S nachsprechen. Danach erstellen die S in PA die beiden Listen. Vergleichen Sie die Ergebnisse anschließend im Plenum.

❻ Vor dem Hören: Lesen Sie die Namen vor und lassen Sie die S nachsprechen. Hier tauchen erstmals die Ausdrücke *Herr* und *Frau* auf, und es dürfte den S nicht schwer fallen, sie mit den Fotos der beiden Erwachsenen zu kombinieren. Machen Sie die S beim Hören auf die neuen Strukturen zur Begrüßung *Guten Tag! Servus!* (Österreich, Süddeutschland) aufmerksam.

❼ Spielen Sie noch einmal die Hörtexte von Ü6 vor und lassen Sie die S einzeln oder im Chor nachsprechen.

sieben

❽ Präsentieren Sie die Zahlen in zwei Schritten (von 0-6, von 7-12). Spielen Sie die einzelnen Zahlen bei geschlossenen Büchern vor und lassen Sie die S nach jeder Zahl nachsprechen. Danach hören die S die Zahlen noch einmal mit geöffneten Büchern und lesen laut mit.
Erweiterung: Sie können die Zahlen mit einer Reihenübung (1, 2, 3, 4, ...) festigen oder eine Zahl in Ziffern an die Tafel schreiben und von den S laut lesen lassen. Die S können auch in PA üben: S1 schreibt eine Zahl, S2 liest sie laut, und umgekehrt.

❾ Das Spiel wird in kleinen Gruppen (2-4 Personen) mit zwei Würfeln gespielt. Jeder Spieler nennt eine Zahl, dann wird gewürfelt. Der Spieler, der mit seiner Zahl der gewürfelten Zahl am nächsten kommt, hat gewonnen.

❿ wie ❽

⓫ Die S notieren die Zahlen, die sie hören. Nach der Hörübung können Sie ein Zahlendiktat machen, bei dem jeweils ein S den anderen die Zahlen diktiert.
Kartenspiel: Schreiben Sie die Zahlen 1-20 einzeln auf kleine Kartonkärtchen. Die S ziehen der Reihe nach eine Karte und lesen die Zahl vor. Wenn Sie mehrere Kartensätze haben, die Sie auch von den S selber basteln lassen können, können die S in Kleingruppen spielen.

⓬ Spielen Sie den Hörtext zuerst bei geschlossenen, dann bei geöffneten Büchern vor. Die S sprechen nach bzw. lesen mit.

⓭ **Bausteine:** Die S ergänzen die in Ü12 gehörten Strukturen mündlich bzw. schriftlich.

⓮ Die S machen mit den Bausteinen aus Ü13 in PA Minidialoge und fragen sich gegenseitig nach dem Alter.

⓯ Reihenübung zur Festigung: Falls alle S mehr oder weniger das gleiche Alter haben, können Sie Kärtchen mit verschiedenen Zahlen vorbereiten. Jeder S bekommt ein Kärtchen, die Zahl auf dem Kärtchen ist sein fiktives Alter.

Variante: die gleiche Übung mit einem weichen Ball (siehe Ü4).

⓰ Betrachten Sie gemeinsam mit den S die beiden Bilder und klären Sie mit ihnen die Bedeutung von *Tschüs!* und *Auf Wiedersehen!*. Die S sortieren die Sätze in Einzel- oder Partnerarbeit und schreiben den Dialog ins Heft. Gehen Sie herum, zeigen Sie die Arbeitsweise und helfen Sie bei Schwierigkeiten. Vergleichen Sie den Dialog anschließend im Plenum. Hinweis: Im Unterschied zu *Tschüs!* kann man *Servus!* – verbreitet in Süddeutschland und Österreich – für die Begrüßung und für die Verabschiedung verwenden.

⓱ Die S spielen den Dialog von Ü16 mit ihren eigenen Namen und ihrem eigenen Alter. Die S arbeiten in PA oder stehen auf, gehen in der Klasse herum und sprechen mit mehreren S.

⓲ Hörverstehen: Betrachten Sie gemeinsam mit den S die vier Fotos: Die S stellen Vermutungen über Namen und Alter der Personen an. Spielen Sie nun jeweils zwei Hörtexte hintereinander vor, die S hören zu, machen Notizen und vergleichen diese anschließend in PA. Abschließender Vergleich der Lösungen im Plenum.

Wortschatzwiederholung: Ü19-Ü21

⓳ Am Ende jeder Lektion gibt es eine Wortschatzübung zur Festigung der neuen Ausdrücke und Strukturen. Die S verbinden die Satzteile 1-8 mit den dazu passenden Satzteilen a-h in Einzel- oder Partnerarbeit. Die S können die korrekten Sätze auch in ihr Heft schreiben. Gemeinsame Besprechung der Lösungen im Plenum.

⓴ Die S verwenden die Redemittel aus Ü19 und spielen zu dritt Minidialoge.

㉑ Festigung der Zahlen: Die S lesen laut und ergänzen die Zahlenreihen im vorgegebenen Zahlenrhythmus. Variante: Reihenübung bzw. Ballübung (siehe Ü4; die S werfen sich gegenseitig einen weichen Ball zu und ergänzen dabei die Zahlenreihen).
Erweiterung zur Reihenübung: Die S zählen der Reihe nach 1, 2, 3, 4, ... und vereinbaren

gemeinsam mit dem L, dass z.B. jede Zahl der Dreierreihe (3, 6, 9, ...) oder der Viererreihe (4, 8, 12, ...) ersetzt wird durch ein Wort, das für die S bei ihrem momentanen Kenntnisstand schwer auszusprechen ist. Die Zahlenreihe könnte z.B. folgendermaßen aussehen: 1, 2, 3, Gabriele, 5, 6, 7, Gabriele, 9, 10, 11, Gabriele, usw.

Aussprache: Die S hören die einzelnen Wörter und sprechen sie nach. Sensibilisieren Sie die S von Anfang an für die Besonderheiten der deutschen Aussprache. Achten Sie bei dieser Übung besonders auf die Aussprache des Lautes *ch* (stimmloser, palataler Reibelaut) in *ich, dich*.

Du kannst: Dieser Abschnitt stellt eine Zusammenfassung aller wesentlichen Strukturen der Lektion dar und dient den S zur Orientierung über den Lernstoff und ihre persönlichen Lernfortschritte. Erläutern Sie im Plenum die Funktion dieses Abschnitts.

(Links steht hier die Sprechhandlung / Sprechintention und rechts davon eine entsprechende konkrete Äußerung.)

Wir singen: In vielen Lektionen gibt es zum Abschluss ein Lied, in dem die neuen Wörter und Strukturen in bekannten Melodien rhythmisiert präsentiert werden. Dies kann der Festigung der neuen Strukturen dienen, hier „sich vorstellen". Die S hören zunächst das Lied. Lesen Sie gemeinsam mit den S den Text und klären Sie gegebenenfalls neue Wörter. Lassen Sie die S die beiden Städte Düsseldorf und Heidelberg auf der Landkarte suchen. Präsentieren Sie das Lied nochmals, die S können mitsingen, wenn es ihnen Spaß macht.
Erweiterung: Die S präsentieren sich selber (beim Singen), indem sie den Liedtext verändern und ihre eigenen Namen und Wohnorte einsetzen.

Lösungen und Hörtexte Kursbuch

5 **Männlich:** Martin, Stefan, Andreas, Udo, Uwe, Jörg, Klaus, Tobias, Hans
Weiblich: Andrea, Karin, Marion, Simone, Gabriele, Ute, Ulrike, Steffi, Johanna, Jutta, Anke, Sabine

6 1. Guten Tag. Ich bin Frau Bauer.
2. Hallo! Ich heiße Thomas.
3. Guten Tag. Ich heiße Lange, Heinrich Lange.
4. Servus! Ich bin die Petra.

Lösung: 1 c, 2 d, 3 b, 4 a

11 **Spiel 1:** 2, 3, 12, 20, 9, 17
Spiel 2: 12, 4, 18, 10, 7, 11
Spiel 3: 10, 3, 13, 5, 19, 16

16 ● Hallo!
◌ Grüß dich!
● Wie heißt du?
◌ Ich heiße Thomas.
● Wie alt bist du?
◌ Ich bin 12.
● Tschüs!
◌ Auf Wiedersehen!

18 1. Hallo. Ich bin der **Markus**, ich bin **9** Jahre alt.
2. Hallo. Ich bin die **Eva**, ich bin **14**.
3. Tag. Ich heiße **Tobias** und bin **12**.
4. Servus. Mein Name ist **Martina** und ich bin **15** Jahre alt.

19 1 e, 2 g, 3 b, 4 c / 4 f, 5 c / 5 f, 6 h, 7 b / 7 d, 8 a

21 **Zweier-Reihe:** 2, 4, 6, 8, 10, 12, 14, 16, 18, 20
Dreier-Reihe: 3, 6, 9, 12, 15, 18
Vierer-Reihe: 4, 8, 12, 16, 20
Fünfer-Reihe: 5, 10, 15, 20

Lösungen und Hörtexte Arbeitsbuch

2 ● Heißt du Daniel?
   ● Ja, ich heiße Daniel. Und wie heißt du?
   ● Ich heiße Klaus.

3 1. Hallo, ich bin Simone. Wer bist du?
   2. Bist du Marion? – Nein, ich bin Karin.
   3. Heißt du Petra? – Ja, ich heiße Petra.
   4. Grüß dich. Ich heiße Hans. Wie heißt du?

4 dreizehn, neunzehn, zehn, fünfzehn, sechzehn, zwanzig, elf, neun

6 ● Ich bin Max. Wer bist du?
   ● Ich bin Annette.
   ● Wie alt bist du, Annette?
   ● Ich bin fünfzehn, und du, Max?
   ● Ich bin vierzehn.
   ● Ich bin Jörg. Wer bist du?
   ● Ich bin Eva..
   ● Wie alt bist du, Eva?
   ● Ich bin 13, und du, Jörg?
   ● Ich bin fünfzehn.

7 1. bist – bist – bin
   2. bin – bin - bist
   3. Bist – bin

8 *begrüßen*   *verabschieden*
   Grüß dich!   Tschüs!
   Hallo!   Auf Wiedersehen!

9 1. Ich heiße Martin.
   2. Wer bist du?
   3. Ich bin Klaus.
   4. Wie alt bist du?
   5. Ich bin 12.

10 1. **w**ir, **v**ier, **w**er,
   2. W**ie**dersehen, **w**ie, **s**i**e**ben, **s**ingen, Sp**ie**l
   3. **z**ehn, **z**wanzig, **s**echs,
   4. du bi**s**t, du heiß**t**, Grüß dich!, Tschü**s**!
   5. der N**a**me, die Z**ah**l

Zusatzübung

Stefan und Tina stellen sich vor. Füll die Sprechblasen aus.

Modul 1, Lektion 1

Test

Vorname / Name

Klasse Datum ___/20 → Note: ___

A. Ergänze. ___/6

B. Was sagst du? ___/4

1. Hallo! – _____
2. Wie heißt du? – _____
3. Wie alt bist du? – _____
4. Tschüs! – _____

C. Ergänze. ___/4

1. ● Ich _____ Stefan Weigel.   ● Wie _____ du?
2. ● _____ du Bettina?   ● Nein, ich _____ Sabine.
3. ● _____ bist du?   ● Ich _____ Markus.
4. ● _____ alt bist du?   ● Ich _____ 13.

D. Schreib die Zahlen in Buchstaben. ___/6

6 _____ 16 _____
9 _____ 17 _____
14 _____ 20 _____

© Ernst Klett Sprachen GmbH, Stuttgart 2004

Modul 1, Lektion 2

Das ist meine Familie

Situation: Alle Mitglieder der Familie Weigel stellen sich vor.

Sprechintentionen:
- die eigene Familie vorstellen
- Informationen zu einer Person erfragen und geben
- über eine Person berichten

Strukturen: die 3. Person Sg. und Pl. der regelmäßigen Verben im Präsens, die Personalpronomen in der 3. Person, der bestimmte Artikel (Sg. und Pl.), die Possessivartikel (1. und 2. Person Sg. maskulin und feminin).

❶ Betrachten Sie gemeinsam mit den S die beiden Fotos und den Titel „*Das ist meine Familie*", so dass alle die Situation – Tina stellt ihre Familie vor – verstehen. Die Antwort auf Ihre Frage *Wer ist das?* könnte z.B. lauten: *Das ist die Familie von Tina.*
Präsentieren Sie den Hörtext zuerst bei geschlossenen Büchern und besprechen Sie anschließend mit den S die Verwandtschaftsbezeichnungen *Vater, Mutter, Bruder* und eventuell auch schon *Schwester* – dieses Wort taucht erst in Ü4 auf. Beim zweiten Hördurchgang können die S bei geöffneten Büchern mitlesen.

❷ Bausteine: Die S ergänzen die in Ü1 gehörten Wörter und Strukturen mündlich bzw. schriftlich im Heft.

❸ Die S sprechen in PA über die Familie Weigel. Sie zeigen dabei abwechselnd auf eine Person auf dem Foto und fragen *Wer ist das? – Das ist …*

❹ Betrachten Sie mit den S den Familienstammbaum, klären Sie gemeinsam den Wortschatz und weisen Sie auf die Bedeutungsunterschiede *Mutter, Mutti, Mama* bzw. *Vater, Vati, Papi, Papa* hin. Möglicherweise gibt es in der Muttersprache der S eine Entsprechung.
Die S können von zu Hause Fotos mitbringen und so nach dem Modell im Kursbuch ihren eigenen Familienstammbaum basteln. Hinweis: Die konkrete Beschäftigung mit Material (hier: Fotos der eigenen Familie), das für die S persönlich bedeutsam ist, unterstützt das Lernen des neuen Wortschatzes.
Variante: Wenn die S keine Fotos mitgebracht haben, können sie die Familienmitglieder auch zeichnen.

❺ Zuerst stellen zwei oder drei S ihre Familie im Plenum vor, dann arbeiten die S in Kleingruppen (KG) und präsentieren sich gegenseitig ihre Familien. Gehen Sie während dieser Aktivität herum und helfen Sie den einzelnen Gruppen. Zum Abschluss können die S die Präsentation ihrer Familie verschriftlichen.

❻ Fragen Sie zuerst einen S nach seiner Mutter bzw. seinem Vater. Erklären Sie den S in diesem Zusammenhang die Personalpronomen *er, sie* im Grammatikkasten und verdeutlichen Sie ihre Verwendung mit Hilfe eines Tafelbildes. Anschließend interviewen sich die S gegenseitig in PA oder in KG.

❼ Memory: Klären Sie vor dem Spiel die neuen Ausdrücke: *Eltern, Tante, Onkel, Freund, Freundin.* Die Präposition *von* kennen die S aus Ü1 *(Wer ist das? Das ist die Familie von Tina.).*
Memoryspiel: Im Kursbuch gibt es mehrere Momoryspiele. Sie dienen der Erarbeitung und Festigung von Wortschatz. Kopieren Sie mehrere Sätze der Spielkarten, schneiden

Sie dann gemeinsam mit den S die Spielkarten aus, so dass Sie genug Kartensätze für mehrere KG haben. Die Karten liegen alle verdeckt auf dem Tisch. Ein S deckt 2 Karten auf. Wenn die beiden zusammenpassen, darf er das Paar behalten und der nächste S ist an der Reihe. Passen die beiden Karten aber nicht zusammen, müssen sie wieder umgedreht und liegen gelassen werden. Im Laufe des Spiels merken sich die S so die Positionen der Karten und finden die entsprechenden Paare. Wer am Schluss am meisten Paare hat, ist Sieger.

❽ Plenum: Machen Sie die S auf die Nummern der Fotos von Ü7 aufmerksam und stellen Sie die ersten beiden Fragen. Führen Sie dabei schrittweise die bestimmten Artikel *der* und *die* (Sg. und Pl.), die Personalpronomen in der 3. Person Sg. und Pl. *er, sie, sie* und die Verbformen *ist* und *sind* ein. Nun können die S in PA üben und sich nach den restlichen Nummern fragen.
Variante zur PA: Die S werfen sich gegenseitig einen Ball zu. Wer wirft, fragt, wer fängt, antwortet. Vorteil: Sie können alle Antworten hören und gegebenenfalls korrigierend eingreifen. Sie können die S mit dieser Ü auch auf die PA vorbereiten.

❾ Festigung: Betrachten Sie mit den S den Grammatikkasten, weisen Sie die S darauf hin, dass die Farben nicht zufällig sind, sondern auch in den folgenden Lektionen eine ganz bestimmte Bedeutung haben: Blau steht für maskulin, rot für feminin, orange für Plural (später kommt noch grün für neutral). Erklären Sie nun den Ablauf der Übung und lassen Sie die S anschließend die Dialoge in PA sprechen. Abschließend schreiben die S die Minidialoge ins Heft (auch als HÜ = Hausübung).

❿ Hier begegnen die S wieder den Farben blau, rot und orange. Sie schreiben in Einzel- oder Partnerarbeit die drei Listen mit allen Wörtern, die sie schon auf Deutsch kennen.

Ermuntern Sie die S dazu, auch in ihren Heften mit den Farben blau, rot und orange zu arbeiten.

⓫ Hörverstehen: Die S hören zu und kombinieren dabei die Fragen mit den richtigen Antworten. Weisen Sie die S auch auf den Grammatikkasten hin: *dein Bruder* und *deine Schwester* parallel zu *mein Vater* und *meine Mutter* von Ü5.

Wortschatzwiederholung: Ü12-Ü14
⓬ Die S lesen laut und kombinieren die zusammenpassenden Paare miteinander. Eventuell Verschriftlichung ins Heft.

⓭ Festigung des neuen Wortschatzes und der neuen Strukturen: Die S präsentieren die Mitglieder ihrer Familie, indem sie sich gegenseitig Fragen stellen und beantworten. Die S arbeiten in PA oder stehen auf, gehen in der Klasse herum und machen mit mehreren S Minidialoge.

⓮ Kreuzworträtsel: Die S schreiben die Lösungen in ihr Heft *(1=Vater, 2= usw.)*.

Aussprache: Die S hören die einzelnen Wörter und sprechen sie nach. Danach können die S die Wörter nochmals laut lesen. Achten Sie besonders auf die Aussprache des aspirierten (gehauchten) *h* am Wortanfang.

Du kannst: Fassen Sie im Plenum nochmals kurz die neuen Strukturen zusammen, so dass die S einen Überblick über das Gelernte bekommen.

Wir singen: Mit dem Lied können Sie den Wortschatz zum Thema Familie/Verwandtschaft und die Personalpronomen in der 3. Person festigen. Die S hören zuerst das Lied. Lesen Sie dann gemeinsam mit den S den Text und präsentieren Sie eventuell das Lied noch einmal zum Mitsingen.

Lösungen und Hörtexte Kursbuch

⓫ 1.f. ● Wer ist das?
○ Das ist mein Bruder.

2.c. ● Wie heißt dein Bruder?
○ Er heißt Tobias.

3.b. ● Wie heißt deine Schwester?
○ Sie heißt Monika.

4.a. ● Ist das Markus?
○ Nein, das ist Peter.

5.d. ● Ist das dein Vater?
○ Nein, das ist der Vater von Hans.

6.e. ● Ist Karin deine Tante?
○ Nein, sie ist meine Freundin.

⓬ **mein** Vater und **meine** Mutter
mein Bruder und **meine** Schwester
mein Onkel und **meine** Tante
mein Freund und **meine** Freundin

⓮ Waagrecht:
1. Vater
2. Opa
3. Freund
4. Schwester
5. Mutter

Senkrecht:
6. Tante
7. Bruder
8. Onkel

Lösungen und Hörtexte Arbeitsbuch

❶ 2 e, 3 b, 4 a, 5 d

❷ **er:** der Vater, der Bruder, der Opa, der Freund, der Onkel

sie: die Mutter, die Tante, die Freundin, die Oma, die Schwester

❸ 1. deine – sie 4. dein – er
2. deine – sie 5. deine – sie
3. dein – er

❺ 1. ist – ist 4. sind – sind
2. sind 5. ist – ist
3. sind

❻ 2. Stefan Klein
3. Brigitte Rahner
4. Peter Klein / Hans Rahner
5. Martha Rahner
6. Stefan Klein
7. Hans Rahner
8. Anja Meier

❽ 1. der 4. Die
2. Die 5. die
3. der 6. der

❾ 1. Das ist meine Freundin Brigitte.
2. Tina ist die Schwester von Stefan.
3. Der Freund von Stefan heißt Markus.
4. Das sind die Eltern von Stefan.
5. Wie heißt der Onkel von Tina?

⓫ 1. **Sch**wester, **S**piel, Viel **S**paß!
2. die Nu**mm**er, die Fa**m**ilie, die O**m**a
3. der Va**t**er, der Bru**d**er, sie sin**d**, du bis**t**
4. m**ei**ne Fr**eu**ndin, n**eu**n, **ei**ns; **N**ein, ...

Modul 1, Lektion 2

Test

Vorname / Name

Klasse   Datum   ____/20 → Note: ____

A. Antworte.   ____/5

1. Wer ist Herr Weigel? _____
2. Wer ist Frau Weigel? _____
3. Wer ist Tina? _____
4. Wer ist Markus Böhm? _____
5. Wer ist Eva Hoffmann? _____

B. Antworte.   ____/5

1. Wie heißt dein Vater? _____
2. Wie heißt deine Mutter? _____
3. Wie heißt dein Freund / deine Freundin? _____
4. Wie heißt deine Tante / dein Onkel? _____
5. Wie heißt dein Opa? _____

C. Was passt zusammen? Verbinde.   ____/5

1. Wer ist das?   a. Er heißt Franz.
2. Ist das deine Schwester?   b. Sie heißt Karin.
3. Wie heißt dein Vater?   c. Mein Onkel Georg.
4. Heißt dein Bruder Karl?   d. Ja.
5. Wie heißt deine Freundin?   e. Nein, er heißt Hans.

D. Bau Sätze.   ____/5

1. heißt • Tante • Marion • deine • ? _____
2. mein • das • Bruder • ist • Michael _____
3. Eltern • Stefan • von • sind • das • die _____
4. Tina • von • Schwester • Stefan • die • ist _____
5. Vater • Peter • mein • heißt _____

© Ernst Klett Sprachen GmbH, Stuttgart 2004

Modul 1, Lektion 3

Hast du Geschwister?

Situation: Die S erzählen von ihren Geschwistern (Brüder und Schwestern) und fragen auch die Lehrperson nach ihrer Familie.

Sprechintentionen:
- Informationen über familiäre Verhältnisse geben und erfragen
- eine Person charakterisieren
- von 20 aufwärts zählen
- das Alter einer Person sagen und erfragen
- Telefonnummern erfragen und geben
- einer erwachsenen Person Fragen stellen

Strukturen: Akkusativ (noch nicht im Detail), die Verbformen *habe*, *hast*, *haben* (noch nicht im Detail), die Höflichkeitsform, W-Fragen, Ja/Nein-Fragen.

❶ Lesen Sie gemeinsam mit den S den Titel der Lektion und präsentieren Sie das Hörverstehen bei geöffneten Büchern, so dass die S zuhören und mitlesen können. Klären Sie die Ausdrücke *Geschwister* und *Einzelkind*.

❷ **Bausteine:** Die S ergänzen die in Ü1 gehörten Strukturen mündlich bzw. schriftlich. Verzichten Sie vorerst auf eine ausführliche Erklärung der Akkusativbildung, die hier das erste Mal auftaucht. Momentan genügt es, wenn die S mit den Strukturen *Ich habe einen Bruder. / Ich habe eine Schwester.* über die Familie sprechen können. Lenken Sie die Aufmerksamkeit der S auch auf das Bild mit der Familie auf S. 21 oben: Hier kommen die Pluralformen *Brüder* und *Schwestern* vor.

❸ Reihenübung: Die S fragen sich gegenseitig nach ihren Geschwistern, entweder der Reihe nach oder mit einem Ball, den sie sich zuwerfen.
Weisen Sie die S auch auf den Grammatikkasten hin, allerdings ohne ausführliche Erklärung des Akkusativs. Führen Sie an dieser Stelle auch noch nicht die Verneinung *Nein, ich habe keine Geschwister.* ein, sondern beschränken Sie sich auf die Antwort *Nein, ich bin Einzelkind*.

❹ Lesen Sie die Adjektive laut vor, klären Sie ihre Bedeutung und lassen Sie die S die Adjektive einzeln oder im Chor nachsprechen. Anwendung: Befragen Sie zuerst einige S im Plenum, um die Beziehung *dein Vater → er; deine Schwester → sie* zu verdeutlichen. Danach fragen sich die S gegenseitig, wie die verschiedenen Familienmitglieder sind (PA oder mit Ball).

❺ Festigung: Erstellen Sie gemeinsam mit den S die Spielkarten. Folgen Sie beim Spielen der Spielanleitung im Buch. Variante: Sie können das Adjektiv auch in der Muttersprache der S sagen.

❻ Einführung der Zahlen von 20 aufwärts. Lesen Sie 21, 22, 23 *(einundzwanzig, zweiundzwanzig, dreiundzwanzig)* und ermuntern Sie die S, selbstständig das Prinzip für die Zahlenbildung – zuerst die Einer, dann die Zehner – zu entdecken. Präsentieren Sie anschließend den Hörtext: Die S hören zu und sprechen nach.

Reihenübung: Fragen Sie die S nach einem Wort, das für sie schwer auszusprechen ist. Verfahren Sie dann wie bei Lektion 1, Ü21. (z.B. 21, 22, 23, 24, Geschwister, 26, 27, 28, 29, Geschwister, 31, 32, 33, 34, Geschwister, 36, 37, 38 usw.)

7 Reihenübung: Die S fragen sich gegenseitig nach ihren Telefonnummern und notieren auf einem Zettel die Antworten (die S gehen in der Klasse herum oder befragen sich mit dem Ball). Wichtig: Die S sollen die Nummern nicht einzeln *(zwei, vier, fünf, null)*, sondern in Paaren *(vierundzwanzig, fünfzig)* sagen. Anschließend Kontrolle im Plenum mit der Frage *Wie ist die Telefonnummer von S1?* Der S, der die Nummer von S1 notiert hat, liest diese vor. S1 bestätigt *(Ja, das stimmt.)* oder korrigiert die Nummer *(Nein, das stimmt nicht. Meine Nummer ist ...)*.
Variante: Die S erstellen eine Telefonliste mit den Telefonnummern aller S der Klasse, d.h. sie müssen alle anderen S befragen, die Namen und die Nummern notieren. Diese Telefonliste kann sehr nützlich sein, wenn Sie gemeinsame Aktivitäten außerhalb des Klassenunterrichts planen und telefonisch etwas vereinbaren wollen.

8 Festigung/PA: Betrachten Sie mit den S die Fotos, lesen Sie die Namen und das Alter. Die S üben hier nochmals die Struktur *Wie alt ist ...?* und das Fragewort *wer?*. Gehen Sie durch die Klasse und helfen sie den S bei Schwierigkeiten.

9 Einführung der Höflichkeitsform. Sprechen Sie mit den S in ihrer Muttersprache über das Bild. Ermuntern Sie die S, Vermutungen über die Bedeutung der Fragen zu äußern. Verdeutlichen Sie die unterschiedliche Benutzung von *du* und *Sie*. Das familiäre *du*: innerhalb der Familie, auch Kinder zu den Eltern; Kinder und Jugendliche untereinander; Freunde; Leute, die sich gut kennen, die sich mit Vornamen anreden. Das offizielle *Sie*: Kinder zu Erwachsenen, die sie nicht kennen; Erwachsene, die sich nicht gut kennen.
Spielen Sie den S den Hörtext vor und lassen Sie sie nachsprechen.
Hinweis: Bei einem Vertrauensverhältnis zwischen Kindern und Lehrer/in können die Kinder sicher all diese Fragen stellen. In den deutschsprachigen Ländern ist es sonst nicht üblich, dass Kinder Erwachsene fragen, wie alt sie sind, ob sie verheiratet sind, ob sie Kinder oder Geschwister haben. Das wird als indiskret empfunden. Im Unterricht sollte man darauf hinweisen.

10 Die S stellen Ihnen die Fragen aus Ü9. Beschränken Sie sich bei den Antworten auf kurze Sätze. Hinweis: Antworten Sie, falls Sie die Frage *Haben Sie Kinder?* verneinen, mit einem einfachen *Nein*. Falls Sie sie bejahen, können Sie gleich die Ausdrücke *Sohn, Tochter* einführen: *Ich habe eine Tochter/einen Sohn.*

11 Festigung: Betrachten Sie mit den S die vier Fotos und lesen Sie mit ihnen die Informationen zu den vier Personen. Erläutern Sie noch einmal die Höflichkeitsform (siehe Grammatikkasten) und sammeln Sie im Plenum die sechs möglichen Interviewfragen an der Tafel. Führen Sie anschließend exemplarisch ein Interview im Plenum durch. Die restlichen Interviews machen die S in PA. Gehen Sie dabei wieder durch die Klasse, um die korrekte Durchführung der Aktivität zu gewährleisten.
In der Klasse oder als HÜ: Die S schreiben zwei Interviews ins Heft.

12 Vor dem Hörverstehen: Lesen Sie mit den S die Informationen und stellen Sie sicher, dass die S sie verstehen. Es folgt die Präsentation des Hörtextes, die S notieren in Einzelarbeit die richtigen Antworten. Teil b: Korrektur im Plenum: Ein S stellt jeweils eine Person vor, ein anderer S (oder Sie selbst) schreibt die Sätze an die Tafel.

13 Rollenspiel in PA (Zick-Zack-Dialog): Die S spielen mit verteilten Rollen den Dialog und benutzen dabei die vorgegebenen Informationen. Verdeutlichen Sie die Vorgangsweise, indem Sie mit den S die ersten Sequenzen im Plenum erarbeiten. Wenn die S den Dialog einmal gespielt haben, tauschen sie die Rollen. Abschließend wird der Dialog im Plenum präsentiert: Zwei S lesen ihn laut vor. Variante: Alle Jungen lesen die Sequenzen in blau, alle Mädchen die Sequenzen in rot

Modul 1, Lektion 3

(Bei Chorlesen in der Gruppe haben schüchterne S weniger Angst, laut zu sprechen.).
In der Klasse oder als HÜ: Die S schreiben den Dialog ins Heft.

14 Mündlich in der Klasse oder schriftlich als HÜ; danach Vorlesen in der Klasse.

Wortschatzwiederholung: Ü15–Ü18

15 Die S lesen laut und verbinden die Ausdrücke links mit den dazu passenden Ausdrücken rechts, Partner- oder Einzelarbeit.

16 Die S lesen die Zahlen und Telefonnummern laut. Variante mit PA: S1 sagt eine Zahl oder Telefonnummer, S2 notiert sie, dann umgekehrt.

17 Die S überlegen in PA, wie die Ausdrücke in ihrer Muttersprache heißen und notieren sie ins Heft. Heterogene Klassen: Vergleichen Sie in der Klasse, wie die verschiedenen Sprachen *Geschwister, Einzelkind* ausdrücken.

18 Die S schreiben die drei Listen ins Heft. Vergleichen Sie die Ergebnisse im Plenum.

Aussprache: Die S hören die einzelnen Wörter und sprechen sie nach. Danach können Sie die S die Wörter noch einmal laut lesen lassen. Üben Sie mit den S vor allem die Aussprache der Umlaute *ö, ü*.

Du kannst: Verfahren Sie wie in Lektion 1 und 2.

Wir singen: Festigung der Strukturen *Ich habe einen Bruder/eine Schwester* und Einführung neuer Adjektive zur Charakterisierung von Personen *(sympathisch, extravagant, langweilig, …)*. Die S hören zuerst das Lied. Lesen Sie dann gemeinsam mit ihnen den Text und präsentieren Sie eventuell das Lied noch einmal zum Mitsingen.

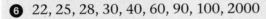

Lösungen und Hörtexte Kursbuch

6 22, 25, 28, 30, 40, 60, 90, 100, 2000

12 1. Hallo! Ich heiße **Georg**, Georg Schmidt. Ich bin **14** und habe **eine Schwester**. Sie heißt Karin.

2. Guten Tag! Ich bin **Frau Becker**. Ich bin **43** Jahre alt, **verheiratet** und habe zwei Kinder, **einen Sohn**, Martin, **und eine Tochter**, Susanne.

15 **Sie heißt** Erika.
Sie hat 3 Geschwister / einen Bruder / zwei Töchter / einen Sohn.
Sie ist verheiratet / 34 / sympathisch / die Mutter von Mareike, Jan und Elke.

16 **Zahlen:**
neunhundertvierundachtzig,
viertausendneunhundert(und)dreißig

Telefonnummern:
Bei Telefonnummern liest man Zahlengruppen, zum Beispiel:
- 98 / 456 639
  achtundneunzig (Vorwahl) -
  vierhundertsechsundfünfzig
  sechshundertneununddreißig
- 0049 / 30 / 12 43 16
  null null neunundvierzig (Länderkennzeichen) – dreißig (Vorwahl) – zwölf – dreiundvierzig – sechzehn
(Wie jemand die Zahlengruppen liest, kann ganz unterschiedlich sein. In der Regel werden keine einzelnen Ziffern gelesen.)

18 maskulin: **der** Vater, Opa, Bruder, Onkel, Sohn.
feminin: **die** Mutter, Oma, Schwester, Tante, Tochter.
Plural: **die** Kinder, Eltern, Geschwister.

Lösungen und Hörtexte Arbeitsbuch

1 Anja ist Einzelkind.
Martina hat zwei Schwestern.
Hans hat einen Bruder und eine Schwester.
Daniel ist Einzelkind.

2 1. nett – blöd – lustig – streng – doof
2. sympathisch – langweilig – freundlich

5 **Spiel 1:** 14, 28, 40, 39, 22, 48
Spiel 2: 7, 25, 14, 45, 34, 43
Spiel 3: 12, 21, 30, 13, 47, 33
Spiel 4: 35, 29, 16, 44, 2, 20

6 1. Servus, ich bin **Heinz Bender**. Meine Telefonnummer ist **78 90 64**.
2. Hallo, ich bin **Annette Schulz**. Meine Telefonnummer ist **39 11 32**.
3. Grüß euch. Mein Name ist Peter, **Peter Kohl**. Meine Telefonnummer? **66 98 45**.
4. Und ich bin **Astrid Knopp**. Meine Telefonnummer ist **15 37 80**.

7 2 e, 3 a, 4 c, 5 f, 6 b

8 1. Wie heißen Sie?
2. Wer sind Sie?
3. Sind Sie der Vater von Stefan?
4. Heißen Sie (Minka Müller)?
5. Sind Sie Herr Weigel?

9 heiß**en**, heiß**e**, heiß**en**, heiß**e**; sind, Sind, bin, sind, bin, bin

10 1. einen   4. eine – einen
2. einen   5. einen
3. eine   6. eine – einen

11 **Nummer 1** ist Brigitte Bauer. Sie ist die Tochter von Franz und Annette Bauer. Ihr Bruder heißt Klaus. Sie ist 16 Jahre alt.
Nummer 2 ist Martin Langer. Er ist der Sohn von Karl und Susanne Langer. Seine Schwester heißt Petra. Er ist 12.
Nummer 3 ist Eva Schulz. Sie ist die Tochter von Hans und Claudia Schulz. Sie ist Einzelkind. Sie ist 13 Jahre alt.
Nummer 4 ist Susanne Müller. Sie ist die Tochter von Peter und Karin Müller. Sie ist die Schwester von Georg und Michael. Sie ist 15.

12 1. Ich bin der Vater von Tina.
2. Wer sind Sie?
3. Ich habe einen Bruder.
4. Die Mutter von Peter ist sympathisch.
5. Meine Schwester ist doof.
6. Wie ist deine Telefonnummer?

13 1. Wie   6. Bist
2. Wie   7. Sind
3. Wie   8. Sind
4. Heißt   9. Bist
5. Hast   10. Sind

14 1. S**oh**n, T**o**chter, d**oo**f, **O**ma
2. hunder**t**, tausen**d**, Kin**d**er
3. **ich**, langweili**g**, freundli**ch**
4. v**ie**le, v**ie**rzig, verh**ei**ratet
5. fr**eu**ndlich, langw**ei**lig, dr**ei**ßig, Fr**eu**nd
6. Ge**sch**wister, Ent**sch**uldigen Sie, ni**ch**t

Modul 1, Lektion 3

Modul 1, Lektion 3

Test

Vorname / Name

Klasse   Datum   ___/20 → Note: ___

A. Ergänze. ___/5

1. _____
Nein, ich bin Einzelkind.

2. _____
Ich heiße Petra Müller.

3. _____
Ja, er ist seht sympathisch.

B. Was passt zusammen? Verbinde. ___/5

1. Hast du einen Bruder?
2. Bist du Einzelkind?
3. Wie sind deine Eltern?
4. Sind Sie verheiratet?
5. Haben Sie Kinder?

a. Nein, ich habe einen Bruder.
b. Ja, einen Sohn.
c. Ja, er heißt Florian.
d. Sie sind sehr streng.
e. Nein.

1 ___
2 ___
3 ___
4 ___
5 ___

C. Deine Lehrerin diktiert vier Zahlen. ___/4

_____   _____

_____   _____

D. Ergänze. ___/6

1. Ich habe _____ Freund. Er heißt Markus.
2. Hast du _____ Schwester?
3. Andreas hat nur _____ Onkel.
4. Frau Schulz hat _____ Sohn und _____ Tochter.
5. Ich habe _____ Bruder.
6. Ich habe _____ Opa und _____ Oma.

© Ernst Klett Sprachen GmbH, Stuttgart 2004

Modul 1, Lektion 4

Wo wohnt ihr?

Situation: Stefan wird interviewt und erzählt von seiner Familie (Anzahl der Mitglieder, Wohnort).

Sprechintentionen:
- Gleichaltrige nach der Anzahl der Familienmitglieder fragen, auf diese Frage antworten
- Gleichaltrige nach ihrem Wohnort und dem Wohnort anderer Personen fragen, auf diese Frage antworten
- eine Stadt in einem Land lokalisieren

Strukturen: Personalpronomen in der 1. und 2. Person Pl., Fragesätze, Präsens der regelmäßigen Verben, das Fragewort *wo?*, die Präpositionen *in* und *bei*.

❶ Betrachten Sie gemeinsam mit den S das Bild und lassen Sie die S Vermutungen über den Inhalt des Interviews anstellen. Auf diese Weise werden bereits bekannte Strukturen wie *Wie heißt du? Wie alt bist du? Wie heißt dein Vater/deine Mutter?* neu aktiviert. Klären Sie, falls die S nicht bereits von selbst auf die richtige Bedeutung gekommen sind, die Bedeutung der beiden Fragen *Wo wohnt ihr?* und *Wie viele seid ihr zu Hause?* Anschließend hören die S den Hörtext zuerst bei geschlossenen Büchern und in einem zweiten Hördurchgang bei geöffneten Büchern. Anmerkung: Lassen Sie die S die Städte München und Augsburg auf der Landkarte suchen.

❷ **Bausteine:** Die S ergänzen die in Ü1 gehörten Strukturen mündlich bzw. schriftlich.

❸ PA: Die S machen ein Partnerinterview und verwenden dabei die neuen Strukturen.

❹ Bevor Sie mit der PA beginnen, können Sie die S die verschiedenen Städte auf der Landkarte suchen lassen. Sprechen Sie die Namen vor, und lassen Sie die S nachsprechen. Zeigen Sie an Hand des ersten Beispiels im Plenum die Arbeitsweise und lassen Sie dann die S in PA fragen und antworten. Gehen Sie während der PA durch die Klasse und greifen Sie unterstützend bzw. korrigierend ein.

Erläutern Sie den S mit Hilfe des Grammatikkastens die Konjugation der regelmäßigen Verben und des Verbs *sein* im Präsens. Außer der Verbform in der 3. Person Pl. sind alle Verbformen bereits bekannt. Erstellen Sie ein übersichtliches Tafelbild des Grammatikkastens, das die S in ihr Heft übertragen. Ermuntern Sie die S, die Endungen des Verbs *wohnen* farbig zu markieren.

❺ Betrachten Sie zuerst gemeinsam mit den S das Foto und präsentieren Sie anschließend den Hörtext bei geöffneten Büchern, so dass die S mitlesen können.

❻ Die S gehen in der Kasse herum, fragen ca. drei Personen nach ihrer Wohnadresse und E-Mail-Adresse und notieren die Antworten. Anschließend fragen Sie im Plenum: *Wie ist die Adresse/die E-Mail-Adresse von ...?* Wer die Adresse/E-Mail-Adresse der von Ihnen genannten Person notiert hat, sagt sie. Der S, der die gefragte Information wusste, darf die nächste Frage stellen: *Wie ist die Adresse/E-Mail-Adresse von ...?* Wer die Antwort notiert hat, liest sie vor usw.

❼ Zeigen Sie den S eine Deutschlandkarte und suchen Sie gemeinsam mit ihnen die verschiedenen Städte. Wiederholen Sie die Frage von Ü1 *Wo liegt Augsburg?* und lassen Sie die S die richtige Antwort *In Süddeutsch-*

einundzwanzig

land, bei München. finden. Lesen Sie gemeinsam mit einem S die ersten beiden Minidialoge im Plenum, damit die Arbeitsweise klar wird. Dann arbeiten die S in PA. Abschließend können Sie die Ergebnisse im Plenum vergleichen und die Dialoge eventuell ins Heft schreiben lassen.

❽ Hier taucht die 3. Person Pl. auf (*sie wohnen*): Stellen Sie die Bedeutung dieser Form sicher und weisen Sie die S nochmals auf den Grammatikkasten Seite 28 hin. Lesen Sie die ersten beiden Beispieldialoge im Plenum und erläutern Sie die Ausdrücke *die Weigels/Familie Weigel*. Weitere Vorgangsweise wie Ü7.

❾ Memory: Betrachten Sie zunächst mit den S die Karten. Werfen Sie dann einem S einen Ball zu und fragen Sie ihn *Wo wohnt Familie Schmidt?,* er antwortet *Familie Schmidt wohnt in Hamburg.* Dann wirft er den Ball einem anderen S zu und stellt diesem dabei eine neue Frage usw. Machen Sie vor dem Spiel die S darauf aufmerksam, dass die zusammenpassenden Karten immer dasselbe Foto der Stadt zeigen. Basteln Sie gemeinsam mit den S mehrere Spielkartensätze und lassen Sie die S in PA oder KG Memory spielen.

❿ Hörverstehen: Vor dem Hörverstehen übertragen die S die Tabelle ins Heft und notieren bereits die vier Vornamen. Die S hören zu und notieren die gehörten Informationen. Machen Sie beim Vorspielen des Hörtextes Pausen, so dass die S genug Zeit zum Mitschreiben haben. Anschließend stellen vier S die vier Personen im Plenum vor *(Karin ist 14 Jahre alt. Sie wohnt in ... Sie hat ...).* Variante: Vor der Präsentation im Plenum können die S in PA ihre Ergebnisse vergleichen, indem sie sich gegenseitig befragen *(Wie alt ist Karin? Wo wohnt sie? ...)*

⓫ ⓬ Diese beiden Übungen bereiten keine großen Hörschwierigkeiten und sollen die S daran gewöhnen, ihre E-Mail-Adresse korrekt auf Deutsch anzugeben. 1. Hördurchgang: Die S hören und lesen mit. 2. Hördurchgang: Die S hören und sprechen nach.

⓭ ⓮ PA: Die S schreiben die Dialogteile in KG auf Streifen. Dann ordnen sie die Dialogteile und schreiben den korrekten Dialog ins Heft. Anschließend spielen sie den Dialog vor. Ermuntern Sie die S, so frei wie möglich, eventuell sogar ohne Buch, zu sprechen.

⓯ Sammeln Sie zuerst zusammen mit den S die entsprechenden Fragen *(Wie heißt du? Wie alt bist du? ...)* an der Tafel. Anschließend folgt ein Partnerinterview in PA. Die S machen Notizen zu den Antworten des Partners. Im Plenum berichten einige S über ihre Partner. Hinweis: Verwenden Sie noch nicht die Negation *kein/keine*; falls ein S keine E-Mail-Adresse hat, kann er einfach eine erfinden; wenn ein S keine Geschwister hat, sagt er *Ich bin Einzelkind*. Die S sollen sich schon von Anfang an daran gewöhnen, relativ flüssig zu sprechen, auch wenn es sich – wie bei dieser Übung – nur um eine sehr kurze Zeit (cirka 30 Sekunden) handelt. Als HÜ schreiben die S einen kleinen Text über sich selbst.

⓰ Nach Ü9 im AB: Die S haben Ü9 im AB als HÜ ausgefüllt oder füllen sie jetzt aus. Anschließend stellen sich die S mit Hilfe des ‚Personalausweises' im Plenum oder in KG vor.

Wortschatzwiederholung: Ü17–Ü18

⓱ Die S arbeiten alleine oder in PA, sie kombinieren die Satzteile links mit den dazu passenden Satzteilen rechts. Achtung: Mehrere Lösungen sind möglich. Die S schreiben die Lösungen in ihr Heft. Vergleichen Sie abschließend die Übung im Plenum.

⓲ In heterogenen Klassen wird es viele unterschiedliche Übersetzungen geben. Schreiben Sie einige Beispiele an die Tafel, z. B.: München – Munich (franz.), Munich (engl.) Monaco (ital.); Wien – Vienne (franz.), Vienna (engl.), Bécs (ungarisch).

Aussprache: Lassen Sie die S zuhören und die Wörter einzeln nachsprechen. Danach können die S die Wörter nochmals einzeln oder im Chor laut lesen. Legen Sie bei dieser Übung Wert auf die korrekte Aussprache der Laute *oh (wohnen)* und *ie (liegt)*: Sie werden lang ausgesprochen.

Du kannst: Die S bekommen einen Überblick über die neuen Strukturen. Bekannte Vorgangsweise. Vorschlag: Die S sind nun mit dem Modul 1 fertig. Sie könnten gemeinsam mit den S noch einmal alle vier „Du kannst"-Abschnitte rekapitulieren. Die S probieren in PA aus, ob sie wirklich alle Strukturen anwenden können und notieren sich z.B. mit einem Smiley (☺☻☹), ob sie die einzelnen Strukturen sehr gut können ☺, gut können ☻, oder noch nicht so gut können ☹ und deshalb noch üben wollen. Auf diese Weise erkennen die S ihre persönlichen Lernfortschritte und lernen, sich selbst realistisch einzuschätzen. Diese Rekapitulation kann man auch mit einem Fragebogen zu den vier Lektionen sinnvoll unterstützen. Hier ein Beispiel, wie Sie einen solchen Fragebogen selbst entwickeln und aufbauen können (Auch muttersprachliche Formulierungen sind denkbar.).

Ich kann...	☺	☹	☻
...nach der Anzahl der Familienmitglieder fragen und auf diese Frage antworten			
...nach dem Wohnort fragen und auf diese Frage antworten			
...nach der Adresse fragen und auf diese Frage antworten			

Ein Rückblick auf die Auftaktseite „Du lernst" mit den Lernzielen des gesamten Moduls schließt diese Reflexionsphase ab.

Wir singen: Das Lied enthält die neu gelernten Strukturen und führt einige neue Städte ein. Die S hören das Lied. Danach lesen und klären Sie mit den S den Text. Präsentieren Sie das Lied eventuell noch einmal zum Mitsingen.

Lösungen und Hörtexte Kursbuch

❼ Hamburg: in Norddeutschland; München: in Süddeutschland; Berlin: in Norddeutschland / Ostdeutschland; Frankfurt: in Mitteldeutschland / Westdeutschland; Stuttgart: in Süddeutschland; Kiel: in Norddeutschland; Augsburg: in Süddeutschland.

❿ 1. Hallo! Mein Name ist **Karin**. Ich bin **14** Jahre alt und wohne in **Berlin**, in der **Wagnerstraße** Nummer **19**. Ich habe einen **Bruder**.

2. Tag! Ich heiße Annette, **Annette Rubinstein**, bin **15** und wohne in **Frankfurt**. Ich habe **keine Geschwister**, ich bin Einzelkind. Meine Adresse? **Goethestraße 20**.

3. Grüß euch! Ich bin der **Christian**. Ich wohne in **Hamburg**, in der **Adenauerstraße**, Nummer **10**. Ich habe eine kleine **Schwester**, Martina. Sie ist 7 Jahre alt. Ich bin **12**.

4. Hallo! Ich heiße **Klaus Beck**, wohne in **München**, bin **17** Jahre alt und habe **zwei Schwestern**. Meine Adresse: **Ludwigstraße 72**.

⓫ 1. ● **Klaus**, hast du eine E-Mail-Adresse?
● Klar. Sie lautet: klausbeck@yahoo.de

2. ● **Annette**, wie ist deine E-Mail-Adresse?
● Meine E-Mail-Adresse ist Ann.Rub@hotmail.com

3. ● Und du **Christian**? Hast du auch eine E-Mail-Adresse?
● Natürlich: Chris2000@free.de

4. ● Und wie ist deine E-Mail-Adresse, **Karin**?
● Sie lautet superkarin@t-online.de

Modul 1, Lektion 4

13
- Hallo!
- Grüß dich, Monika! Monika, wie viele seid ihr zu Hause?
- Wir sind vier: Mein Vater, meine Mutter, mein Bruder und ich.
- Und wo wohnt ihr?
- In Freising.
- Freising? Wo liegt das denn?
- In Süddeutschland, bei München.
- Tschüs, Monika!
- Tschüs!

14 Die Fragen:
Wie ist dein Vorname?
Wie alt bist du?
Wo wohnst du?
Wie ist deine Adresse?
Wie ist deine Telefonnummer?
Wie ist deine E-Mail-Adresse?
Hast du Geschwister?

17 1 a, 1 c, 1 j, 2 i, 3 h, 4 a, 4 c, 4 g, 4 h, 4 j, 5 b, 6 c, 7 d, 8 f, 9 e, 10 a

Lösungen und Hörtexte Arbeitsbuch

1 2 e, 3 a, 4 b, 5 c

2 1. sind 2. bist – bin 3. sind 4. ist – ist 5. seid

3 1. wohnen – wohnt, 2. wohnen, 3. Wohnst – wohne, 4. Wohnt – wohnen, 5. wohnt – wohnen, 6. wohnt – wohnt

4 1. Salzburg 2. Frankfurt 3. Berlin 4. Bonn 5. Hamburg 6. Wien 7. Bozen 8. München 9. Zürich 10. Augsburg

5 2. Wo liegt München? – München liegt in Süddeutschland.
3. Wo liegt Salzburg? – Salzburg liegt in Österreich.
4. Wo liegt Augsburg? – Augsburg liegt in Süddeutschland.
5. Wo liegt Lugano? – Lugano liegt in der Schweiz.
6. Wo liegt Wien? – Wien liegt in Österreich.
7. Wo liegt Hamburg? – Hamburg liegt in Norddeutschland.
8. Wo liegt Frankfurt? – Frankfurt liegt in Mitteldeutschland.

7 1. Das ist Stefan. Er ist 11 und wohnt in Augsburg.
2. Das sind Herr und Frau Kaiser. Er ist 39, Frau Kaiser ist 36. Sie wohnen in Bonn.
3. Das ist Martin Langer. Er ist 25 und wohnt in München.
4. Das ist Frau Stein. Sie ist 32 und wohnt in Frankfurt.
5. Das sind Max und Moritz. Sie sind 13 und wohnen in Wien.

8 1. Er wohnt in Graz. 2. Anna wohnt in Berlin. 3. Er ist der Vater von Peter. 4. Er wohnt in München. 5. Graz liegt in Österreich. 6. Anna ist die Freundin von Ali.

12 1. Wohnt ihr in Berlin? 2. Potsdam liegt bei Berlin. 3. Zu Hause sind wir vier. 4. Hast du eine E-Mail-Adresse? 5. Wohnt Behrang in München?

13 mein – wohne, in, meine – heißt, wohnt, bei, ist, Telefonnummer

14 das Alter, der Name, der Vorname, der Wohnort, die Telefonnummer, die Adresse, die E-Mail, die Straße

15 Hausnummer: Langerstraße 15
Zahl: 2356
Telefonnummer: 0043 / 01 / 524 56 93
E-Mail-Adresse: Chris2000@free.de

16 *Richtig ist:*
Österreich, Deutschland, Schweiz, Berlin, München, Frankfurt

24 vierundzwanzig

Modul 1, Lektion 4

Test

Vorname / Name

Klasse   Datum   ____/20 → Note: ____

A. Interview mit Nina. ___/8

Name: Nina Klein
Alter: 13
Familie: Vater, Mutter, einen Bruder (Jörg)
Wohnort: Hanau, bei Frankfurt

- _____
- _____
- _____
- _____

- _____
- _____
- _____
- _____

B. Was passt zusammen? Verbinde. ___/5

1. Wohnt Thomas in Frankfurt?
2. Wo liegt Hamburg?
3. Wo wohnt ihr?
4. Wie viele seid ihr zu Hause?
5. Wo wohnen Sabine und Karin?

a. Fünf.
b. Sie wohnen in Frankfurt.
c. Nein, in Stuttgart.
d. In Norddeutschland.
e. Wir wohnen in Köln.

1	
2	
3	
4	
5	

C. Lies den Text. Was ist richtig (R)? Was ist falsch (F)? ___/7

Herr Voglar ist 45 und Frau Voglar 43. Sie wohnen in Hallein. Das liegt in Österreich, bei Salzburg. Sie sind fünf zu Hause. Herr und Frau Voglar haben zwei Kinder: einen Sohn, Rolf, und eine Tochter, Yvonne. Rolf ist 13 und Yvonne 11. Auch die Oma, die Mutter von Frau Voglar, wohnt im Hause. Sie heißt Bertha und ist 75 Jahre alt.

	R	F
1. Herr Voglar ist 43.	❏	❏
2. Familie Voglar wohnt in Salzburg.	❏	❏
3. Sie sind vier zu Hause.	❏	❏
4. Herr und Frau Voglar haben zwei Kinder.	❏	❏
5. Herr und Frau Voglar haben einen Sohn und eine Tochter.	❏	❏
6. Die Tochter heißt Bertha.	❏	❏
7. Die Oma ist 75.	❏	❏

© Ernst Klett Sprachen GmbH, Stuttgart 2004

Wir trainieren: Hörtexte und Lösungen

1
- Hallo. Wie heißt du?
- Matthias Schulz.
- Und wo wohnst du?
- Ich wohne in Freising. Das liegt bei München.
- Sag mal, Matthias, wie alt bist du eigentlich?
- Ich bin 13.
- Und hast du Geschwister?
- Ja, ich habe einen Bruder, er heißt Tobias.
- Wie ist deine Telefonnummer?
- Meine Telefonnummer ist 2 67 38.
- Und hast du auch eine E-Mail-Adresse?
- Klar!

Das stimmt: 2, 4, 6

2
- Grüß dich. Wer bist du?
- Ich bin Bettina.
- Und wo wohnst du, Bettina?
- Ich wohne in Regensburg. Das liegt in Süddeutschland.
- Wo genau in Regensburg?
- In der Königstraße Nummer 8.
- Wie alt bist du eigentlich, Bettina?
- Ich bin 12.
- Und hast du Geschwister?
- Nein, ich bin Einzelkind.
- Wie ist deine Telefonnummer?
- 5 78 20.
- Danke, Bettina.
- Bitte!

Das stimmt: 1, 2, 6

3
- Entschuldigung, wie heißen Sie?
- Ich heiße Seitz, Toni Seitz.
- Wo wohnen Sie?
- Ich wohne in Seefeld.
- In Seefeld? Wo liegt das denn?
- Das liegt in Tirol, in Österreich, bei Innsbruck.
- Und wie ist Ihre Adresse?
- Olympiastraße 29.
- Haben Sie auch eine E-Mail-Adresse?
- Ich? Nein, ich habe keine E-Mail-Adresse.
- Sind Sie verheiratet?
- Ja, meine Frau heißt Angelika.
- Haben Sie Kinder?
- Ja, wir haben eine Tochter. Sie heißt Martina und ist 8 Jahre alt.
- Und wie alt sind Sie, Herr Seitz?
- Ich bin 42.
- Was machen Sie?
- Ich bin Manager.
- Ach, interessant. Danke, Herr Seitz.
- Bitte, bitte.

Das steht in seinem Personalausweis:
Name: Toni Seitz; **Wohnort:** Seefeld; **Adresse:** Olympiastraße 29; **Familie:** verheiratet, eine Tochter; **Alter:** 42

4 Lesen
Das stimmt: 4, 6

5 Lesen
Das stimmt: 3

6 Schreiben
Sebastian wohnt in Freiburg. Er ist 14. Er ist (ein) Einzelkind, d.h. er hat keine Geschwister. Er wohnt bei seiner Mutter. Sein Vater wohnt in Ingolstadt. Er hat auch eine Tante und zwei Onkel.

7 Schreiben
Text 1: Ich **heiße** Theo. Ich **bin** 12. Ich **bin** der Bruder **von** Alexander. Wir wohnen **in** Konstanz. Das **liegt / ist** in Süddeutschland. **Meine** Schwester heißt Marion. **Sie** ist 15.
Text 2: Das **sind** Herr und Frau Weigel. Sie **haben** zwei Kinder. Sie heißen Tina und Stefan. Sie **wohnen** in Augsburg.

8 Schreiben

Mögliche Lösung: Das ist meine Familie. Wir sind fünf zu Hause. Mein Vater heißt Karl und ist 37 Jahre alt. Meine Mutter heißt Brigitte, sie ist 36 Jahre alt. Ich habe eine Schwester. Sie heißt Anna und ist 6 Jahre alt. Ich bin 8 Jahre alt. Auch meine Tante Irene, die Schwester von meiner Mutter, wohnt im Haus. Sie ist 45. Sie ist nicht verheiratet. Wir wohnen in Klagenfurt. Das liegt in Österreich.

9 Sprechkarten zum Kopieren und Ausschneiden

Familie 1	Familie 4
Vater	Mutter

Familie 2	Familie 5
Adresse	wohnen

Familie 3	Familie 6
Personen	Geschwister

Test

Modul 1

Vorname / Name

Klasse   Datum   ___/25 → Note: ___

A. Schreib einen Dialog. ___/10

1. (begrüßen)   (begrüßen)

2. (Name?)   (Antwort; Und du: Name?)

3. (Antwort; Wohnort?)   (Antwort)

4. (Wo?)   (Antwort)

5. (Geschwister?)   (Antwort; verabschieden)

B. Ergänze: wohnen, sein, haben ___/5

1. Wir _____ in Köln. Wo _____ ihr?

2. Pedro und Antonio _____ meine Freunde. Sie _____ in Madrid.

3. _____ Sie Kinder? Wie viele?

C. Stell Fragen. ___/5

1. _____? – Er heißt Antonio.

2. _____? – Wir kommen aus Köln.

3. _____? – Sie ist 12.

4. _____? – Stuttgart liegt in Süddeutschland.

5. _____? – Ja, marilene.@yahoo.de

D. Sag das Gegenteil. ___/5

1. Ist sie nett?   – Nein, _____.

2. Ist der Lehrer streng?   – Nein, er ist sehr _____.

3. Hast du Geschwister?   – Nein, ich bin _____.

4. Er ist verheiratet.   Sie ist _____.

5. Er hat drei Kinder.   Sie hat _____.

© Ernst Klett Sprachen GmbH, Stuttgart 2004

Lösungen zu den Tests von Modul 1

Lektion 1:

A. Ich heiße (Name); Wer bist du?; Wie alt bist du?

B. 1. Grüß dich!
2. Ich heiße (Name).
3. Ich bin (12).
4. Auf Wiedersehen! / Tschüs!

C. 1. heiße – heißt 3. Wer – bin
2. Bist – bin 4. Wie – bin

D. sechs, sechzehn, neun, siebzehn, vierzehn, zwanzig

Lektion 2:

A. 1. Herr Weigel ist der Vater von Tina und Stefan.
2. Frau Weigel ist die Mutter von Tina und Stefan.
3. Tina ist die Schwester von Stefan./ ... die Tochter von Herrn und Frau Weigel.
4. Markus Böhm ist der Freund von Stefan.
5. Eva Hoffmann ist die Tante von Tina und Stefan.

B. 1. Mein Vater heißt (Name).
2. Meine Mutter heißt (Name).
3. Mein Freund / Meine Freundin heißt (Name).
4. Meine Tante / Mein Onkel heißt (Name).
5. Mein Opa heißt (Name).

C. 1 c, 2 d, 3 a, 4 e, 5 b

D. 1. Heißt deine Tante Marion?
2. Das ist mein Bruder Michael.
3. Das sind die Eltern von Stefan.
4. Tina ist die Schwester von Stefan.
5. Mein Vater heißt Peter.

Lektion 3:

A. Hast du Geschwister? – Wie heißen Sie? – Ist er sympathisch?

B. 1 c, 2 a, 3 d, 4 e, 5 b

D. 1. einen, 2. eine, 3. einen, 4. einen – eine, 5. einen – eine, 6. einen – eine

Lektion 4:

A. *Interview mit Nina:*
- Wie heißt du? • Ich heiße Nina Klein.
- Wie alt bist du? • Ich bin 13.
- Wie viele seid ihr zu Hause?
- Wir sind vier: Mein Vater, meine Mutter, mein Bruder Jörg und ich.
- Wo wohnt ihr? • In Hanau, bei Frankfurt.

B. 1 c, 2 d, 3 e, 4 a, 5 b

C. *Richtig:* 4, 5, 7; *Falsch:* 1, 2, 3, 6

Abschlusstest zu Modul 1:

A. *Mögliche Lösung:*
1. • Hallo! • Hallo, grüß dich!
2. • Wie heißt du? • Ich heiße Maria. Und du? Wie heißt du?
3. • Ich heiße Elke. Wo wohnst du? • Ich wohne in Klagenfurt.
4. • Wo liegt das? • Das liegt in Österreich, in Kärnten.
5. • Hast du Geschwister? • Ja, einen Bruder / eine Schwester. / Nein, ich bin Einzelkind. Tschüs!

B. 1. Wohnen – wohnt
2. sind – wohnen
3. Haben

C. *Mögliche Lösungen:*
1. Wie heißt er? / Wie heißt dein Bruder / dein Vater / dein Onkel / dein Freund?
2. Woher kommt ihr?
3. Wie alt ist sie? / Wie alt ist deine Schwester / deine Freundin?
4. Wo liegt Stuttgart?
5. Hast du eine E-Mail-Adresse?

D. 1. Nein, sie ist doof / blöd.
2. Nein, er ist sehr nett / freundlich.
3. Nein, ich bin (ein) Einzelkind.
4. Sie ist nicht verheiratet.
5. Sie hat keine Kinder.

Modul 2, Lektion 1

Das Haus von Familie Weigel

Situation: Das Haus von Familie Weigel wird vorgestellt.
Wortschatz: Haus, Zimmer, Möbel.

Sprechintentionen:
- die Zimmer eines Hauses benennen
- nach den Zimmern fragen und sie beschreiben
- nach Gegenständen fragen und auf diese Fragen antworten – auch negativ

Strukturen: das Substantiv und der bestimmte und unbestimmte Artikel maskulin, feminin und neutral; das Demonstrativpronomen *das (Das ist ...)*; das Fragewort *was? (Was ist ... ?)*; die Verneinung *nicht, kein*.

❶ Betrachten Sie gemeinsam mit den S die Fotos. Ermuntern Sie die S, die entsprechenden Ausdrücke für die einzelnen Zimmer in ihrer Muttersprache zu nennen. Präsentieren Sie anschließend den Hörtext und klären Sie gemeinsam mit den S die neuen Adjektive.

❷ Präsentieren Sie den Hörtext noch einmal und lassen Sie die S nach jedem Abschnitt nachsprechen.

❸ Die S kombinieren in Einzelarbeit die Zimmer links mit den dazu passenden Beschreibungen rechts. Achtung: Mehrere Lösungen sind möglich.
Hier kommen erstmals alle drei Geschlechter (Genera) vor: Artikel maskulin *der*, feminin *die*, neutral *das*. Weisen Sie die S auf den Grammatikkasten hin und machen Sie sie auf die drei Farben aufmerksam: blau für maskulin, rot für feminin, grün für neutral. Die Verwendung der drei Farben erleichtert den S das Lernen des Artikels, deshalb werden die Farben immer wieder verwendet.

❹ Die S fragen sich gegenseitig nach den Zimmern. Verdeutlichen Sie vor der Sprachaktivität die Beziehung zwischen Geschlecht und Personalpronomen: *der* → *er*, *die* → *sie*, *das* → *es* (siehe Grammatikkasten).

❺ Festigung des bestimmten Artikels und Einführung des unbestimmten Artikels: Weisen Sie die S darauf hin, dass der unbestimmte Artikel maskulin und neutral gleich ist: *ein*. Die S hören die einzelnen Ausdrücke und sprechen sie nach.

❻ Erstellen Sie gemeinsam mit den S mehrere Kartensätze des Memoryspiels auf Seite 46 und lassen Sie die S in Kleingruppen oder PA spielen. Da bei normalen Schwarzweißkopien die drei Farben für die drei Artikel verloren gehen, ist es sinnvoll, dass die S jede Karte mit einem farbigen Punkt – blau, rot, grün – kennzeichnen, damit sich die S an den Bezug zwischen Farbe und Artikel (Genus) gewöhnen können. Erklären Sie den S, dass sie beim Wörterlernen den Artikel der Substantive in Gedanken immer mit der Farbe verbinden sollen, um sich den Artikel besser merken zu können. Decken Sie nun eine Karte auf und fragen Sie: *Was ist das?* Die S antworten: *Das ist ein Tisch* (Vorbereitung auf Ü7).

❼ Reihenübung bzw. PA: Die S fragen sich gegenseitig und antworten. Gehen Sie während der PA durch die Klasse, um bei Schwierigkeiten zu helfen. Vergleich im Plenum: Die S werfen sich gegenseitig einen Ball zu, stellen dabei die Fragen und beantworten sie.

❽ Einzelarbeit: Die S schreiben die Sätze ins Heft. Vergleichen Sie die Ergebnisse im Plenum. Die S lesen die Sätze vor, achten Sie dabei auf eine korrekte Aussprache.

❾ Spielerische Festigung des Wortschatzes (Möbel und Zimmer): Schreiben Sie gemeinsam mit den S die Wörter auf vorbereitete Karten. Jeder S bekommt eine Karte und sucht den dazu passenden Partner. Hinweis: Erklären Sie die Vorgangsweise ganz genau, um ein eventuelles Chaos bei der Durchführung der Aktivität zu vermeiden.

❿ PA, Sprechen: Ein S zeigt auf eine Abbildung und fragt den Partner wie im Beispiel. Hier kommt das erste Mal die Verneinung *kein* vor. Erklären Sie den S die Verwendung von *kein/keine* mit Hilfe des Grammatikkastens.
Verdeutlichen Sie an dieser Stelle auch den Unterschied zwischen *nicht* (mit Adjektiv) und *kein* (mit Substantiv), indem Sie die S auf die beiden ersten Sätze der Lektion *Das ist das Schlafzimmer von Herrn und Frau Weigel. Es ist nicht sehr groß.* hinweisen.

⓫ Anwendung der Verneinung mit *kein/keine*: Die S arbeiten in PA, zeigen auf die Abbildungen und fragen sich gegenseitig. Abschließende Korrektur im Plenum.

⓬ Einzelarbeit: Die S schreiben die drei Listen mit Zimmern und Möbeln ins Heft. Ermuntern Sie die S, auch im Heft mit den drei Farben blau, rot und grün zu arbeiten. Vergleichen Sie die Listen abschließend im Plenum.

⓭ PA: Ratespiel mit Farben zur spielerischen Festigung der drei Artikel.

⓮ Einzelarbeit: Die S schreiben die Substantive mit dem richtigen Artikel ins Heft und formulieren zu jedem Substantiv einen Satz mit *er, sie, es* (z. B. *der Computer: Er ist praktisch.*) Vergleich im Plenum.

⓯ Die S hören zuerst bei geschlossenen Büchern zu und notieren so viele Adjektive wie möglich. Sammeln Sie anschließend gemeinsam mit den S alle Adjektive an der Tafel. Zweiter Hördurchgang bei geöffneten Büchern: Die S übertragen die Tabelle ins Heft, hören zu, lesen mit und notieren die Adjektive. Vergleichen Sie abschließend die Ergebnisse im Plenum.

Wortschatzwiederholung: Ü16-Ü19

⓰ bis **⓳** Die S arbeiten alleine (eventuell als HÜ) oder in PA und schreiben die Ü 16 bis 19 ins Heft. Vergleichen Sie die Ergebnisse abschließend im Plenum.

⓱ Auch im kommunikativen Deutschunterricht soll von Zeit zu Zeit nach der genauen muttersprachlichen Entsprechung eines deutschen Worts oder einer Wendung gesucht werden. Dabei soll ein bewusster Sprachvergleich stattfinden. Das gilt auch für die Aufgaben im Grammatikteil, wo die S aufgefordert werden, die Beispielsätze zu übersetzen und die deutsche und die muttersprachlichen Formen zu vergleichen.

Aussprache: Die S hören die einzelnen Wörter und sprechen sie nach. Achten Sie besonders auf die Aussprache folgender Laute: *-o/ö* (*Sofa, schön*), *-u/ü* (*Dusche, Küche*), *-d* wird am Wortende wie ein *t* ausgesprochen *Bad* → [ba:t], *-er* wird am Wortende offen ausgesprochen.

Du kannst: Gehen Sie die einzelnen Beispielsätze mit den S durch und lassen Sie sie jeweils um 1, 2 Beispielsätze erweitern.

Wir singen: Mit dem Lied können Sie den Wortschatz der Lektion (Dinge, Möbel) und die Negation üben. Die S hören zuerst das Lied. Lesen und klären Sie dann gemeinsam den Text und präsentieren Sie eventuell das Lied noch einmal zum Mitsingen.

Modul 2, Lektion 1

Lösungen und Hörtexte Kursbuch

3 1 e / f, 2 a, 3 d / f, 4 e, 5 c, 6 b, 7 d / g

10 ein Baum – kein Baum, eine Dusche – keine Dusche, eine Lampe – keine Lampe, ein Bett – kein Bett, ein Stuhl – kein Stuhl, ein Tisch – kein Tisch

11 kein Sofa, sondern ein Schrank
kein Tisch, sondern ein Bett
kein Computer, sondern ein Sofa
kein Bett, sondern ein Tisch
kein Schrank, sondern ein Computer

14 der Computer – er, die Küche – sie, der Stuhl – er, das Bett – es, das Zimmer – es, der Baum – er, die Lampe – sie, das Regal – es, der Garten – er

15 1. Das ist mein Haus: Es ist wirklich sehr **groß**.
2. Es hat fünf Zimmer.
3. Das Wohnzimmer ist sehr **schön** und **gemütlich**.
4. Wir essen und sehen fern hier.
5. Die Küche ist ziemlich **klein**, aber **praktisch**.
6. Unser Schlafzimmer, das Kinderzimmer, ist leider **nicht sehr groß**.
7. Das Schlafzimmer von unseren Eltern ist dagegen **groß** und auch **schön**.
8. Der Abstellraum ist zwar **klein**, aber sehr **nützlich**.
9. Wir haben auch einen Garten. Er ist sehr **groß**: 2000 m².

Lösungen:
1 b, 3 f + c, 5 d + e, 6 a, 7 b + f, 8 d + g, 9 b

16 *9 Wörter:*
Schlafzimmer, Küche, praktisch, Tisch, Sofa, Computer, nützlich, Lampe, Garten

18 1 c, 2 e, 3 a, 4 f, 5 f, 6 b / c / f

19 *Mögliche Lösungen:*
1. bequem, schön, gemütlich
2. gemütlich, groß, klein, schön
3. klein, groß, schön, praktisch
4. nützlich, praktisch, klein, groß
5. klein, praktisch, schön, groß
6. schön, klein, praktisch, nützlich

Lösungen und Hörtexte Arbeitsbuch

1 1. das Wohnzimmer
2. die Küche
3. das Bad
4. das Kinderzimmer
5. das Schlafzimmer
6. das Arbeitszimmer

2 **er:** der Garten
sie: die Küche
es: das Wohnzimmer, das Schlafzimmer, das Bad

3 1. das – es   4. das – es
2. der – er   5. der – er
3. die – sie   6. das - es

4 *Diese Wörter findet man noch in dem Buchstabenquadrat:*
das Sofa, die Lampe, die Dusche, die Küche, das Bad, der Tag, der Tisch, das Regal

5 Ein Bett? – Nein kein Bett, ein Sofa.
Ein Stuhl? – Nein, kein Stuhl, ein Bett.
Eine Dusche? – Nein, keine Dusche, eine Lampe.
Ein Regal? – Nein, kein Regal, ein Schrank.
Eine Lampe? – Nein, keine Lampe, eine Dusche

Modul 2, Lektion 1

6 2. Nein, sie ist nicht modern.
3. Nein, es ist nicht bequem.
4. Nein, es ist nicht groß.
5. Nein, sie ist nicht schön.
6. Nein, er ist nicht klein.

7 1. kein   4. keine
2. nicht   5. nicht
3. nicht   6. kein

8 1. ... kein Sofa, sondern ein Bett.
2. ... nicht groß, sondern klein.
3. Nein, das ist kein Stuhl, sondern ein Tisch.
4. Nein, er ist nicht gemütlich, sondern praktisch.
5. Nein, das ist nicht meine Schwester, sondern meine Tante.

9 1. die Lampe   6. das Sofa
2. der Tisch   7. der Schrank
3. das Bett   8. das Regal
4. der Stuhl   9. der Computer
5. die Dusche   10. der Baum

10 Das ist unser Wohnzimmer. Ich finde, es ist sehr gemütlich.
Das ist eine Lampe. Sie ist wirklich modern.
Das ist ein Schrank. Leider ist er zu klein.
Das ist ein Tisch. Er ist klein, aber sehr nützlich.
Das ist unser Garten. Er ist wirklich sehr schön. Und auch sehr groß.
Das ist mein Computer. Er ist praktisch und sehr nützlich.

11 1. aber   4. und
2. und   5. aber
3. aber

12 *Mögliche Lösungen:*
1. Ist das ein Tisch?
2. Wie ist das Wohnzimmer?
3. Was ist das?
4. Ist das ein Sofa?
5. Wie ist die Küche?
6. Ist der Garten groß?

13 **Das** Haus von Familie Weigel ist sehr groß und schön. Es hat **ein** Wohnzimmer, **eine** Küche, **ein** Bad und **ein** Schlafzimmer. Frau Weigel hat auch **ein** Arbeitszimmer. **Der** Garten ist auch sehr schön. **Die** Küche ist klein, aber modern. Auch **das** Bad ist klein. **Das** Wohnzimmer ist sehr gemütlich.

14 das Wohnzimmer, das Arbeitszimmer, das Schlafzimmer, der Abstellraum

15 das Wohnzimmer, das Schlafzimmer, das Bad, die Küche, die Dusche, das Bett, der Computer, der Schrank, praktisch

Zusatzübung

Kopieren Sie das Bild für die S und geben Sie ihnen die Wörter:
die Terrasse, der Balkon, der erste Stock, das Erdgeschoss, das Dach.
Die S ordnen die Wörter zu.

1 _____
2 _____
3 _____
4 _____
5 _____

Modul 2, Lektion 1

Test

Vorname / Name

Klasse   Datum   ___/20 → Note: ___

A. Wie heißen die Zimmer? Schreib auch den Artikel. ___/6

1. _____
2. _____
3. _____
4. _____
5. _____
6. _____

B. Wie sind die Zimmer? ___/6
(schön, gemütlich, praktisch, klein, groß, nützlich)

_____
_____
_____

C. Was passt? Ergänze. Kreuz an. ___/3

		er	sie	es
das	Bett			x
_____	Tisch			
_____	Lampe			

		er	sie	es
_____	Regal			
_____	Küche			
_____	Dusche			

D. Ergänze. ___/5

1. Das ist _____ Tisch.
   Das ist _____

2. Das ist _____ Bett.
   Das ist _____

3. Das ist _____ Lampe.
   Das ist _____

4. Das ist _____ Schrank.
   Das ist _____

5. Das ist _____ Dusche.
   Das ist _____

Ein Besuch

Situation: Frau Stein und ihre Tochter Brigitte (die Freundin von Tina) besuchen Familie Weigel.

Sprechintentionen:
- nach dem Befinden fragen und auf diese Frage antworten
- etwas zu trinken anbieten, etwas zu trinken annehmen/ablehnen
- einen Wunsch / eine Vorliebe ausdrücken

Strukturen: die Form *möchte(n)*, die idiomatische Form *Wie geht's?*, die Personalpronomen *mir, dir, Ihnen*.

❶ Betrachten Sie gemeinsam mit den S die Fotogeschichte. Ermuntern Sie die S, Vermutungen über die Gäste anzustellen. Stellen Sie z. B. folgende Fragen: *Ist die Frau eine Freundin/Kollegin/Nachbarin von Frau Weigel? Wer ist das Mädchen? – Eine Freundin /Klassenkameradin von Tina/Stefan?*
Klären Sie den Titel, indem Sie das Verb *besuchen* bzw. den Ausdruck *zu Besuch sein* einführen. Sprechen Sie nun mit den S über den möglichen Verlauf des Besuchs – das Gespräch kann in der Muttersprache der S stattfinden.
Präsentieren Sie dann den Hörtext bei geöffneten Büchern, so dass die S mitlesen können.

❷ Zweiter Hördurchgang: Die S hören zu und sprechen nach.

❸ Siehe den Kommentar zu „Bausteine", Übung 2 auf S. 7. Mehrere Schülergruppen können die Fotogeschichte mit Hilfe der „Bausteine" nachspielen.

❹ Lesen Sie die einzelnen Ausdrücke vor und lassen Sie die S nachsprechen. Klären Sie anschließend deren Bedeutung. Malen Sie die Gesichter an die Tafel. Die S ordnen die Ausdrücke den drei Gesichtern zu.

❺ Erklären Sie den S mit Hilfe des Grammatikkastens den Unterschied zwischen *Wie geht's dir?* und *Wie geht's Ihnen?*. Klären Sie die Bedeutung der Personalpronomen *mir, dir* und *Ihnen* – allerdings ohne dabei explizit auf den Dativ einzugehen. Die S spielen Dialoge in PA. Gehen Sie durch die Klasse und helfen Sie bei eventuellen Schwierigkeiten.

❻ Reihenübung: Anwendung der Form *Wie geht's dir?* Variante: Die S gehen in der Klasse herum und befragen sich bzw. werfen sich einen Ball zu.

❼ Einzelarbeit: Die S schreiben die zusammenpassenden Ausdrücke ins Heft. Vergleichen Sie die Lösungen im Plenum.

❽ PA: Festigung des Wortschatzes aus Ü7. Variante: mit Ball.

❾ Erklären Sie anhand des Grammatikkastens den Unterschied zwischen der höflichen Frage (*Sie*) und der familiären Frage (*du*). Die S machen in PA Minidialoge und versetzen sich dabei in die Rolle der verschiedenen Personen. Gehen Sie durch die Klasse und helfen Sie, falls Schwierigkeiten auftreten. Einige Dialoge können Sie in der Klasse oder als HÜ verschriftlichen lassen.

❿ Reihenübung: Die S fragen sich gegenseitig und antworten.

Modul 2, Lektion 2

❶❶ Einzelarbeit: Die S schreiben in Einzelarbeit die drei Listen ins Heft und arbeiten dabei wieder mit den drei Farben für die drei Artikel (Genera).

❶❷ Textverständnis: Lassen Sie die S den Text zuerst still lesen. Anschließend lesen Sie den Text laut und deutlich vor und lassen die S nachsprechen. Abschließend können einige S nochmals den ganzen Text laut vorlesen. Fragen Sie nun die S, ob die vier Aussagen a-d stimmen oder nicht. Hinweis: Aussage d ist falsch: Hier sollen die S nicht nur *Stimmt nicht.* antworten, sondern die Aussage auch richtig stellen (*Sie hat einen Internet-Anschluss.*).

Wortschatzwiederholung: Ü13, Ü14

❶❸ Dialogpuzzle: Die S ordnen in KG (drei Personen) die Dialogteile und schreiben den korrekten Dialog ins Heft. Vergleich im Plenum: Eine Kleingruppe liest den Dialog laut vor. Anschließend spielen sie den Dialog zu dritt. Ermuntern Sie die S, so frei wie möglich, eventuell sogar ohne Buch, zu sprechen.

❶❹ PA: Die S schreiben die richtigen Lösungen ins Heft. Vergleich im Plenum.

Aussprache: Lassen Sie die S zuhören und die einzelnen Wörter nachsprechen. Danach können die S die Wörter nochmals einzeln oder im Chor laut lesen. Weisen Sie die S auf die ähnliche Aussprache von *-eh* und *-ee* hin: In beiden Fällen handelt es sich um ein langes, geschlossenes [e:]. Achten Sie besonders auf die unterschiedliche Aussprache des geschlossenen [o:] *(Dose)* und des offenen [ɔ] *(Tochter)*. Stellen Sie das stimmhafte *-s* in *sie* [z] dem stimmlosen *-s* in *das* [s] gegenüber.

Du kannst: Bekannte Vorgehensweise.

Wir singen: Das Lied folgt der bekannten Melodie von *Bruder Jakob*. Lesen Sie gemeinsam mit den S die Strophen und präsentieren Sie danach das Lied zum Mitsingen, als Kanon. Abschließend können Sie (ebenfalls zum Mitsingen) die Originalversion von *Bruder Jakob* an die Tafel schreiben: *Bruder Jakob, Bruder Jakob/schläfst du noch? Schläfst du noch?/ Hörst du nicht die Glocken? Hörst du nicht die Glocken?/ Ding, dang, dong.*

Lösungen und Hörtexte Kursbuch

❹ **A:** Es geht gut / sehr gut.
B: Es geht nicht so gut, nicht schlecht.
C: Es geht sehr schlecht.

❼ eine Tasse Milch / Tee / Kaffee; eine Flasche Milch / Mineralwasser / Cola; eine Dose Mineralwasser / Cola; ein Glas Milch / Tee / Mineralwasser / Cola

❶❶ **der:** Kaffee, Tee
die: Milch, Cola, Dose, Tasse, Flasche
das: Glas, Mineralwasser

❶❷ *Das stimmt*: a, b, c

❶❸ Brigitte: Hallo, Tina, hallo, Stefan. Kommt rein.
Tina: Wie geht's dir?
Brigitte: Mir geht's sehr gut. Und dir?
Tina: Mir geht's auch gut.
Brigitte: Und dir, Stefan?
Stefan: Es geht so.
Brigitte: Möchtet ihr was trinken?
Tina: Ja, gern. Was hast du?
Brigitte: Cola, Mineralwasser, Milch.
Tina: Ich möchte eine Cola.
Stefan: Und ich ein Glas Wasser.
Brigitte: Dann trinke ich eine Tasse Milch.

❶❹ Ein Glas Mineralwasser, Limonade, Tee, Milch, Saft
Eine Dose Cola, Mineralwasser, Sprite
Eine Flasche Mineralwasser, Apfelsaft, Limonade, Cola
Eine Tasse Kaffee, Tee, Milch

Lösungen und Hörtexte Arbeitsbuch

1 *Bild und Sprechblase links:*
Junge Leute:
Hallo! – Grüß dich! – Wie geht's dir?
Bild und Sprechblase rechts:
Guten Tag! – Wie geht's Ihnen? –
Guten Abend!

2 *Mögliche Lösungen:*
Guten Tag, Herr Weigel. Wie geht's Ihnen?
Grüß dich, Bettina. Wie geht's dir?
Guten Abend, Frau Schulz. Wie geht's Ihnen?
Guten Tag, Frau Bauer. Wie geht's Ihnen?
Hallo, Markus. Wie geht's dir?
Hallo, Sabine. Wie geht's?

3
● Hallo, Thomas, wie geht's dir?
● Danke, danke, es geht.
● Guten Tag, Herr Beck. Wie geht es Ihnen?
● Gut, danke.
● Guten Tag, Frau Meier. Wie geht es Ihnen?
● Mir geht's leider schlecht.
● Guten Tag, Herr Professor. Wie geht es Ihnen?
● Na ja, nicht so gut, leider.
● Hallo, Martina, wie geht's?
● Mir geht's sehr gut. Danke!

4 1. dir – Mir
2. Ihnen – Mir
3. Ihnen – Mir
4. dir – Mir

5 Das ist eine Tasse Kaffee. Ich trinke eine Tasse Kaffee. Das ist eine Dose Cola. Ich trinke eine Dose Cola. Das ist eine Flasche Mineralwasser. Ich trinke eine Flasche Mineralwasser. Das ist eine Tasse Tee. Ich trinke eine Tasse Tee.

7 1 c, 2 f, 3 d, 4 b, 5 a, 6 e

8 möchten, möchte, möchtest, möchte, Möchtest

9 1. Trinkst – trinke
2. trinken – trinke
3. trinkt – trinkt
4. Trinkt – trinken
5. trinken – trinke

10 ● Florian, trinkst du eine Cola?
● Nein, danke. Ich möchte lieber eine Tasse Tee.
● Frau Seitz, was trinken Sie? Einen Kaffee?
● Nein, danke. Ich möchte lieber ein Glas Milch.
● Bettina, was trinkst du?
● Eine Tasse Kaffee, bitte.
● Herr Bauer, trinken Sie gern eine Tasse Kaffee?
● Nein, im Moment nicht. Ich trinke lieber ein Glas Mineralwasser.

11 *Mögliche Lösungen:*
1. Wie geht's (dir / Ihnen)?
2. Geht's dir / Ihnen gut?
3. Trinkst du / trinken Sie ein Glas Apfelsaft?
4. Möchtest du / möchten Sie eine Tasse Kaffee trinken?
5. Trinkst du / trinken Sie eine Cola?
6. Möchtest du / möchten Sie eine Tasse Kaffee?

12 heißt, geht, Möchten, trinke, ist – Ist, wohnt, liegt, machst, ist, hat

13 Was möchtest du? Ein Glas Wasser?
Hier ist eine Flasche mit Milch.
Ich nehme Tee oder nein, lieber eine Tasse Kaffee.
Im Wohnzimmer ist eine Dose Cola.
Herr Bauer hat einen Sohn und eine Tochter.

Siehe Zusatzübung, Seite 56.

Modul 2, Lektion 2

Test

Vorname / Name

Klasse   Datum   ___/20 → Note: ___

A. Ergänze. ___/4

1. _____?
   Danke, gut. Und dir?

2. _____?
   Leider geht es mir nicht so gut, Frau Kurz.

B. Wie geht's? Schreib die Antworten in die Tabelle. ___/3

	😊	😐	☹
Wie geht's?			

C. Eine Freundin besucht dich: Was sagst du? Was sagt sie? ___/4

1. ● Du (grüßen): _____
2. ● Die Freundin (zurück grüßen): _____
3. ● Du (trinken?) _____
4. ● Die Freundin (Ja): _____

D. Was kann man trinken? ___/3

1. ein _____ Wasser   2. eine _____ Kaffee   3. eine _____ Milch

E. Ergänze. ___/6

1. Peter, Markus, möchte____ ihr etwas trinken?
2. Trink____ wir ein Glas Wasser?
3. Hallo, Richie, wie geht's _____? – _____ geht's prima!
4. Frau Bauer, wie geht es _____? – _____ geht es leider nicht so gut.

© Ernst Klett Sprachen GmbH, Stuttgart 2004

Mautzi, unsere Katze

Modul 2, Lektion 3

Situation: Tina stellt der Freundin Brigitte ihre Katze Mautzi vor.

Sprechintentionen:
- sagen, ob man Haustiere besitzt oder nicht
- eine gleichaltrige Person fragen, ob sie Haustiere hat
- sagen, ob man Haustiere gern oder nicht so gern mag
- sagen, was die Tiere gern essen

Strukturen: das Verb *haben* (teilweise), Akkusativ, die Negation *kein*, das Verb *mögen* (teilweise).

❶ Die Katze Mautzi ist schon in Lektion 1, Ü1 aufgetaucht, d. h. der Titel dürfte für die S klar sein. Zeigen Sie auf die Katze und fragen Sie *Wie heißt die Katze?* Betrachten Sie dann gemeinsam mit den S das Foto und lassen Sie die S Vermutungen (in ihrer Muttersprache) über das Gespräch zwischen Tina und Brigitte äußern (Tina stellt ihre Katze vor; sie sagt, wie sie heißt; sie sagt, was sie mag; sie fragt Brigitte, wie sie die Katze findet, usw.) Ermuntern Sie die S auch, Vermutungen über Brigitte anzustellen: Hat sie auch eine Katze oder ein anderes Haustier, ...?
Präsentieren Sie nun den Hörtext zuerst bei geschlossenen Büchern und anschließend bei geöffneten Büchern, so dass die S zuhören und mitlesen können. Überprüfen Sie gemeinsam mit den S, welche der zuvor angestellten Vermutungen richtig bzw. falsch waren.

❷ Bausteine: Bekannte Vorgehensweise.

❸ Spielen Sie nach der Bearbeitung der tabellarisch angelegten Bausteine nochmals den gesamten Hörtext vor.

❹ PA: Die S fragen sich gegenseitig nach Informationen über die Katze Mautzi. Hinweis: Klären Sie im Vorfeld die Bedeutung von *Besondere Kennzeichen*.

❺ Betrachten Sie zusammen mit den S die Karten und rufen Sie den S nochmals die drei Farben blau, rot und grün für maskulin, feminin und neutral in Erinnerung. Die S hören zu und sprechen nach.

❻ Erstellen Sie gemeinsam mit den S mehrere Kartensätze des Tier-Memorys, so dass die S in PA spielen können. Da bei normalen Schwarzweißkopien die drei Farben verloren gehen, ist es sinnvoll, wieder jede Karte mit einem farbigen Punkt – blau, rot, grün – zu kennzeichnen. Erinnern Sie die S daran, dass sie sich die Artikel mit der jeweiligen Farbassoziation leichter merken können (*der Hund* = blau, *die Katze* = rot, *das Kaninchen* = grün).

❼ Vor dem Hören: Lesen Sie gemeinsam mit den S die Namen der einzelnen Tiere laut, die S sollen auch den passenden Artikel ergänzen. Dann übertragen die S die Tabelle ins Heft und notieren während des Hörens die Lösungen. Vergleich im Plenum.

❽ Lesen Sie die einzelnen Sätze laut vor, die S sollen die richtige Antwort finden. Klären Sie gemeinsam mit den S die Bedeutung des neuen Wortschatzes: *bravo*, Verben auf *–ieren* wie *produzieren, galoppieren*, das Verb *sprechen*, die Substantive *Salat* und *Karotte*. Zur Festigung der neuen Wörter können die S die Übung nochmals in PA oder mit einem Ball, den sie sich gegenseitig zuwerfen, durchführen.

neununddreißig

Modul 2, Lektion 3

❾ Lesen Sie gemeinsam mit den S die vier farbigen Kästchen. Fragen Sie anschließend einige S, ob sie Haustiere haben, und lassen Sie sie antworten.
Weisen Sie die S auf die Pluralformen (oranges Kästchen) hin, allerdings ohne ausführlich auf die einzelnen Pluralbildungen einzugehen. Die Liste der Tiere im Plural ist eine exemplarische Auswahl aller Pluralbildungen, die im Deutschen möglich sind:
- maskulin auf -e (*Hunde, Fische*)
- maskulin mit Umlaut (*Vögel*)
- unveränderliche Substantive maskulin (*Hamster*)
- maskulin auf -en (*Papageien*)
- feminin auf -n (*Katzen*)
- feminin auf -e und Umlaut (*Mäuse, Kühe*)
- neutral auf -e (*Pferde*)
- unveränderliche Substantive neutral (*Kaninchen*)

Machen Sie die S auch auf den Grammatikkasten aufmerksam: Hier kommt die Negation im Akkusativ *keinen, keine, kein* vor.

❿ Reihenübung: Die S fragen sich gegenseitig und antworten.
Variante 1: Die S gehen in der Klasse herum, interviewen alle anderen S (oder nur eine bestimmte Anzahl) und notieren ihre Antworten (z. B. Stefan: *Er hat einen Hund.* Katarina: *Sie hat zwei Goldfische.* usw.) Vergleich im Plenum: Sie fragen z. B. *Hat Stefan Haustiere?* und ein S, der die Information notiert hat, antwortet. Dann stellt dieser S die nächste Frage usw. Achtung: Für die Durchführung dieser Aktivität müssen Sie die 3. Person Sg. von *haben (er, sie, es hat)* neu einführen.
Variante 2: Post-it-Spiel: Jeder S bekommt ein Post-it (oder einen kleinen Zettel), auf dem er sein Haustier notiert (*Ich habe eine Katze.*). Dann kleben/hängen die S alle ihre Post-its an die Tafel. Wenn alle Post-its an der Tafel hängen, nimmt sich jeder S eines – aber nicht sein eigenes. Nun gehen alle S in der Klasse herum und versuchen so schnell wie möglich durch Fragen *Hast du eine Katze? Hast du einen Hamster?* die Person zu finden, die das Post-it, das sie in der Hand haben, geschrieben hat. Die gefragte Person antwortet *Ja, ich habe eine Katze.* oder *Nein, ich habe keine Katze.* Wenn die S die richtige Person gefunden haben, kleben sie ihr das Post-it auf die Schulter/auf den Oberarm.

⓫ Kartenspiel: Die S erstellen in Vierergruppen 20 Spielkarten nach der Anleitung auf Seite 61. Die S können auch die Memorykarten von Seite 59 wieder verwenden. Rufen Sie den S vor Beginn des Spiels nochmals den Grammatikkasten mit dem Akkusativ in Erinnerung. Sie können die S auch ermuntern, beim Spielen zuerst mit einem ganzen Satz zu antworten (*Hast du einen Hund? – Ja, ich habe einen Hund. Hier bitte.* bzw. *Nein, ich habe keinen Hund. Ich bin dran!*) Besprechen Sie nochmals die Bedeutung des Ausdrucks *Ich habe gewonnen.* (siehe auch Modul 1, Lektion 1, Übung 9) und fordern Sie die S auf, ihn zu lernen. Gehen Sie während des Spiels durch die Klasse und greifen Sie bei Schwierigkeiten helfend ein.

⓬ Festigung der Pluralformen: Ein S schreibt die Liste mit den Tieren an die Tafel, die anderen S schreiben die Liste ins Heft. Nun fragt der S an der Tafel (die S an der Tafel können sich auch abwechseln) *Wer hat einen Hund? Wer hat einen Goldfisch?* und notiert das Ergebnis (die jeweiligen S zeigen auf) an der Tafel. Abschließend fassen Sie gemeinsam mit den S das Ergebnis der Umfrage zusammen. *In meiner Klasse haben wir acht Hunde, ...* Als HÜ können Sie die Liste verschriftlichen lassen.

⓭ Schreiben Sie die Sätze *Mautzi mag Milch.* (Anfangsdialog) und *Er mag keine Katzen. Er mag Salat und Karotten.* (Ü8) an die Tafel und besprechen Sie mit den S die Bedeutung von *mögen*. Weisen Sie die S auch auf den Grammatikkasten hin. Reihenübung bzw. Übung mit dem Ball.

⓮ PA: Die S fragen und antworten (eventuell vorher Hinweis auf den Grammatikkasten).

⓯ Beim ersten Hördurchgang bleiben die Bücher geschlossen und die S notieren alle Tiere, die sie hören. Beim zweiten Hördurchgang ordnen die S den vier Personen die Tiere zu. Beim dritten Hördurchgang konzentrieren sich die S auf die Zusatzinformationen zu den Tieren (z. B. *Thomas hat einen Hund. Er* heißt Hasso. Karin hat zwei Goldfische. Sie heißen Splisch und Splasch. usw.). Die S können die Informationen nach jedem Hördurchgang zuerst in PA, dann im Plenum vergleichen.

16 Wahrscheinlich kennen Ihre S das Märchen „Rotkäppchen". Wenn ja: Sprechen Sie mit den S in ihrer Muttersprache über das Märchen: Welche Figuren gibt es? Was passiert? ... Lassen Sie die S anschließend zuerst die fünf Bilder in ihrer Muttersprache beschreiben und dann den Bildern 1-5 die Sätze a-e zuordnen. In PA versuchen die S, die richtige Reihenfolge der Bilder herauszufinden.

17 Die S kontrollieren mit dem Hörtext die richtige Reihenfolge der Bilder. Spielen Sie anschließend den Hörtext abschnittweise vor und lassen Sie die S nachsprechen. Achten Sie dabei auf eine korrekte Aussprache. (Hinweis: In Wir 2 kommt das Märchen „Rotkäppchen" nochmals in Modul 8, Lektion 3 vor.)

Wortschatzwiederholung: Ü18-Ü21

18 Einzel- oder Partnerarbeit. Die S schreiben die Tierwörter mit Artikel ins Heft. Vergleich im Plenum.

19 Die S lesen laut und schreiben dann die Pluralformen ins Heft.

20 Die S schreiben die Sätze ins Heft. Variante: Die S werfen sich gegenseitig einen Ball zu und jeder S liest einen Satz. Eventuell Verschriftlichung ins Heft.

Erweiterung: Ein S beginnt und sagt *Ich bin Martin und mag Cola.* Der nächste S wiederholt *Das ist Martin. Er mag Cola.* und ergänzt: *Ich bin Petra und mag Katzen.* Der nächste S wiederholt *Das ist Martin und er mag Cola. Das ist Petra und sie mag Katzen.* und ergänzt: *Ich bin Stefan und mag Mineralwasser.* usw. Dieses Spiel, das den Wortschatz und die Merkfähigkeit trainiert, kann als Reihenspiel oder mit dem Ball gespielt werden. (Als Hilfestellung können Sie ein Beispiel an die Tafel schreiben.)

21 Die S lesen abwechselnd je einen Satz.

Aussprache: Lassen Sie die S zuhören und die Wörter einzeln nachsprechen. Danach können die S die Wörter nochmals einzeln oder im Chor laut lesen. Legen Sie bei dieser Übung Wert auf die Aussprache des Lautes -ch (guttural in *machen* und palatal in *Kaninchen*) und den Unterschied zwischen -ch/-sch (*Kaninchen, Fisch*).

Du kannst: Bekannte Vorgehensweise.

Wir singen: Das Lied festigt den Wortschatz zum Thema Tiere und den Akkusativ. Die S hören zuerst das Lied. Danach lesen und klären Sie mit den S den Text. Ermuntern Sie die S, zusätzliche Strophen zu erfinden. (z. B. Maus – piep, Goldfisch – blub, Schaf – mäh, Esel – ie-ah, Frosch – quak, ...) Hinweis: Das Spielen mit Lautmalereien, das den S erfahrungsgemäß große Freude macht, unterstützt das Lernen und Merken des neuen Wortschatzes.

Zusatzübung

Was sagen sie? Füll die Sprechblasen aus.

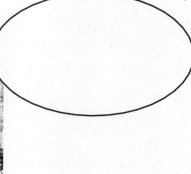

Modul 2, Lektion 3

Lösungen und Hörtexte Kursbuch

❹ Wie heißt sie? – Sie heißt Mautzi.
Wie alt ist sie? – Sie ist 4 Jahre alt.
Wo wohnt sie? Bei Familie Weigel in Augsburg.
Besondere Kennzeichen: Sie mag Milch.

❼ 1 = Kanarienvogel
2 = Papagei
3 = Kuh
4 = Katze
5 = Hund
6 = Pferd

❶❺ Hallo! Mein Name ist Thomas. Ich mag Tiere sehr. Ich möchte viele Tiere haben. Leider habe ich nur einen Hund. Er heißt Hasso und ist sehr lieb!

Tag. Ich heiße Karin. Zu Hause habe ich keine Hunde, keine Katzen, keine Kaninchen ... Ich habe nur zwei Goldfische. Sie heißen Splisch und Splasch.

Hallo! Ich heiße Franziska. Ich habe leider keine Haustiere! Meine Eltern wollen keine zu Hause, aber ich mag sie so sehr!

Tag! Ich bin Jens. Zu Hause habe ich einen Papagei und zwei Kanarienvögel. Mein Papagei heißt Kokorito und ist schon 10 Jahre alt. Er spricht Deutsch und Italienisch!

❶❻ 1 b, 2 a, 3 e, 4 d, 5 c

❶❼ Rotkäppchen und die Mutter zu Hause.

Rotkäppchen und der Wolf im Wald.

Der Wolf im Bett der Oma.

Der Wolf und der Jäger.

Der tote Wolf, der Jäger, die Oma und Rotkäppchen.

Die richtige Reihenfolge der Bilder und Bildtexte:
5 c, 1 b, 2 a, 4 d, 3 e

❶❽ der Hund, die Katze, der Papagei, der Kanarienvogel, die Maus, die Kuh

❶❾ der Hund – die Hunde, das Pferd – die Pferde, der Kanarienvogel – die Kanarienvögel, der Hamster – die Hamster, die Katze – die Katzen, der Goldfisch – die Goldfische, die Maus – die Mäuse

❷❶ Familie Merz hat einen Hamster, drei Goldfische, eine Katze und einen Hund. Der Hund mag Würste, er trinkt gern Cola. Die Goldfische mögen Würmer, die Katze trinkt Milch und der Hamster mag Äpfel, Salat und Karotten. Im Haus wohnt auch eine Maus. Sie mag Käse aus der Küche.

Lösungen und Hörtexte Arbeitsbuch

❶ 1 h, 2 b, 3 f, 4 g, 5 d, 6 a, 7 e, 8 c

❷ **er:** der Hund, der Papagei, der Hamster, der Goldfisch, der Kanarienvogel
sie: die Kuh, die Maus, die Katze
es: das Pferd, das Kaninchen

❹ Daniel hat eine Maus.
Bettina hat einen Hamster.
Petra hat einen Goldfisch.
Karin hat einen Kanarienvogel.
Andreas hat einen Hund.

❺ 1. einen, 2. eine, 3. ein – einen, 4. einen, 5. eine – ein

Modul 2, Lektion 3

❻ Nein, das ist kein Kanarienvogel. Das ist ein Goldfisch.
Nein, das ist kein Hamster. Das ist eine Maus.
Nein, das ist keine Kuh. Das ist ein Pferd.
Nein, das ist kein Papagei. Das ist ein Kanarienvogel.

❼ habe – Hast, haben, Hat, hat

❽ Hunde, Goldfische, Katzen, Pferde, Kaninchen, Kanarienvögel, Kühe, Hamster

❾ Ich mag keine Goldfische, aber ich mag Hamster.
Ich mag keine Papageien, aber ich mag Kanarienvögel.
Ich mag keine Kühe, aber ich mag Pferde.
Ich mag keine Mäuse, aber ich mag Kaninchen.

❿ 1. Magst – mag
2. mag
3. mag
4. mag – mag
5. mag – mag

⓫ Pferde mögen Gras.
Papageien mögen Bananen.
Hunde mögen Würste.
Katzen mögen Milch.
Kanarienvögel mögen Äpfel.
Hamster mögen Salat.
Kaninchen mögen Karotten.
Mäuse mögen Käse.

⓬ **der:** Apfel, Wurm, Salat, Käse
die: Wurst, Karotte, Milch
das: Gras

⓭ ● Hallo, ich bin Martin. Ich habe einen Hund. Er heißt Black. Ich mag meinen Hund.

● Hallo, ich bin Susi. Zu Hause haben wir einen Goldfisch. Er heißt Splasch.

● Tag, ich bin Annette. Ich habe eine Katze, sie ist sehr süß. Sie heißt Mautzi.

● Ja, und ich bin der Tobias. Zu Hause habe ich einen Papagei. Er spricht auch ein bisschen Italienisch. Er heißt Kokorito.

● Eh, ich bin der Florian. Ich mag Haustiere sehr. Ich möchte viele Tiere haben, aber ich habe nur ein Pferd. Wind ist sein Name. Originell, oder?

⓮ **a.** Billy, Kaninchen, zwei Jahre, lustig und sehr lieb.

⓰ 1. Magst du Tiere?
2. Hast du Haustiere?
3. Hast du einen Hund?
4. Wie heißt Tinas Katze?
5. Hat (Claudia) Tiere?
6. Was mag dein Hamster / Kaninchen?
7. Magst du Kanarienvögel?

⓲ **a.** Ich mag **H**austiere.
Ich **h**abe einen **H**und und einen **H**amster.
Ich esse gern W**ü**rste, K**ä**se, **Ä**pfel.
b. Mein Papag**ei** und mein Kanar**ie**nvogel mögen k**ei**nen Salat.
c. Meine Ka**tz**e und mein **Pf**erd mögen Ä**pf**el.

dreiundvierzig 43

Modul 2, Lektion 3

Test

Vorname / Name

Klasse   Datum   ___ /20 → Note: ___

A. Schreib einen Dialog. ___ /5

1. Du (Haustiere?): _____
2. Hans (1 Hamster, 3 Goldfische): _____
3. Du (was mag / mögen?): _____
4. Hans: _____
5. Du (leider keine Haustiere): _____

B. Ergänze. ___ /7

1. Ich habe _____ Hund und _____ Papagei.
2. Petra hat _____ Katze, _____ Kaninchen und _____ Kanarienvogel.
3. Mein Computer hat _____ Maus.
4. Ilse mag _____ Hunde, aber sie mag Katzen.

C. Ergänze die Pluralformen. ___ /3

1. ein Apfel, zwei _____
2. eine Wurst zwei _____
3. ein Vogel, zwei _____
4. eine Maus, zwei _____
5. ein Hamster, zwei _____
6. ein Hund, zwei _____

D. Stell Fragen. ___ /5

1. _____? – Meine Katze heißt Mieze.
2. _____? – Milch, aber manchmal auch Schokolade.
3. _____? – Miau, miau!
4. _____? – Die Goldfische? Würmer!
5. _____? – Nein, ich habe keine Goldfische.

© Ernst Klett Sprachen GmbH, Stuttgart 2004

Modul 2, Lektion 4

Die Nachbarn von Familie Weigel

Situation: Die spanische Familie Martinez, die seit Jahren in Augsburg lebt, wo sie auch ein Restaurant hat, wird vorgestellt.

Sprechintentionen:
- nach der Herkunft fragen und auf diese Frage antworten
- eine Person nach ihren Fremdsprachenkenntnissen fragen und auf diese Frage antworten
- sagen, welche Sprache man in einem bestimmten Land spricht

Strukturen: das Präsens von *sprechen*, die unpersönliche Form *man*, Wortstellung mit nachgestelltem Subjekt, das Fragewort *Woher?*, die Präposition *aus*.

❶ Betrachten Sie gemeinsam mit den S das Foto, klären Sie eventuell zuerst das Wort *Nachbar* und laden Sie dann die S dazu ein, Vermutungen über den Inhalt des Textes anzustellen. Sie können z. B. folgende Fragen stellen: *Wer ist der Mann hier? Was macht er? Wo wohnt er? Ist er Deutscher?...* Die S lesen nun den Text leise für sich, dann lesen Sie selber den Text noch einmal laut und deutlich vor.
a. Die S notieren in Einzelarbeit die entsprechenden Satznummern. Wenn Sie die Lösungen im Plenum vergleichen, sollen die S auch sagen, in welcher Zeile die Information steht, d. h. die S sollen die genaue Textstelle(n) definieren. Da das nicht immer eindeutig lösbar ist, kommt es zu Diskussionen über den Text. Damit wird ein vertieftes Textverständnis erreicht. Bei den Aussagen, die nicht stimmen, sollen die S sagen, wie die Aussage richtig lauten müsste.
b. Die S ergänzen zunächst mündlich die Lücken mit den angegebenen Wörtern und lesen den Text vor.
c. Die S schreiben den Text ins Heft und füllen dabei die Lücken. (als HÜ)
d. Diesen Teil können Sie ebenfalls zunächst mündlich in der Klasse bearbeiten und als HÜ ins Heft schreiben lassen.

❷ Lesen Sie den Comic vor, in dem das erste Mal das Fragewort *Woher?* und die Präposition *aus* vorkommen. Reihenübung, Hinweis: Sammeln Sie vor Beginn der Übung gemeinsam mit den S noch andere Städte aus deutschsprachigen oder anderen Ländern an der Tafel.

❸ Lesen Sie zuerst die Ländernamen vor und lassen Sie die S nachsprechen. Anschließend ordnen die S im Plenum die Länder den Autokennzeichen zu. Fragen Sie die S, wo auf der abgebildeten Umrisskarte die Länder liegen, verweisen Sie auch auf die Umrisse der Länder auf der gegenüber liegenden Seite. Zeigen Sie die Länder dann, wenn möglich, auf einer richtigen Landkarte.

❹ Betrachten Sie zuerst mit den S den Grammatikkasten: Manche Länder haben nach der Präposition noch einen Artikel (aus der Türkei, aus der Schweiz), andere nicht (aus Deutschland). Weisen Sie die S darauf hin, ohne allerdings ins Detail zu gehen. Gehen Sie während der PA durch die Klasse und helfen Sie bei Schwierigkeiten.

❺ Im Memory kommen erstmals verschiedene Sprachen vor. Lesen Sie die Ländernamen und die Sprachen laut vor und lassen Sie

Modul 2, Lektion 4

die S nachsprechen. Danach können die S in Kleingruppen spielen.

❻ Hier taucht zum ersten Mal die unpersönliche Form *man* auf. Fragen Sie einen S: *Was spricht man in Deutschland? Was spricht man in ... (Heimat des S)?* Der S antwortet: *In Deutschland spricht man Deutsch. In ... (Heimat des S) spricht man ... .* Besprechen Sie anschließend den Grammatikkasten: Die unpersönliche Form *man* und die Wortstellung mit nachgestelltem Subjekt (Lokalergänzung – Verb – Subjekt). Danach arbeiten die S in PA und fragen sich gegenseitig nach der Sprache verschiedener Länder.

❼ Lesen Sie gemeinsam mit den S die möglichen Antworten und klären Sie deren Bedeutung. Sie können danach die Übung als PA, Reihenübung oder mit Hilfe eines Balls ausführen lassen.

❽ Betrachten Sie gemeinsam mit den S die Fotos und stellen Sie Fragen wie: *Wie heißt er/sie? Woher kommt er/sie? Was spricht er/sie?* und lenken Sie dann die Aufmerksamkeit der S auf den Grammatikkasten: Präsens Singular von *sprechen*. Die S arbeiten in PA und berichten danach im Plenum (der Ball kann die Reihenfolge bestimmen: Wer den Ball hat, berichtet z. B. *Das ist Pedro. Er kommt aus Spanien. Er spricht Spanisch.* und wirft ihn dann weiter).

❾ Spielerische Wortschatzübung zu den Ländern und Sprachen: Schreiben Sie (gemeinsam mit den S) die Sätze auf Kartonkärtchen. Jeder S bekommt ein Kärtchen und muss die Person finden, die die dazu passende Frage bzw. Antwort hat. Anschließend liest jedes Paar seinen Minidialog vor. Diese Übung eignet sich zur Zusammenstellung von neuen Paaren, wenn Sie eine Aktivität in PA planen.

❿ **Satzbauspiel:** Spielerisch lernen die S, Funktionen im Satz zu erkennen und auf die Kongruenz Subjekt – Verb zu achten. Die S arbeiten in Kleingruppen mit maximal vier Personen. Machen Sie die S darauf aufmerksam, dass sich die einzelnen Satzteile grafisch voneinander unterscheiden: Der Satzanfang ist mit einem schwarzen Dreieck links oben, das Satzende mit einem schwarzen Dreieck rechts unten markiert. Geben Sie den Gruppen ca. drei Minuten Zeit und schauen Sie dann, welche Gruppe die meisten Sätze gebildet hat. Die S lesen die Sätze vor und schreiben sie danach ins Heft.

⓫ Hörverstehen: Lesen Sie vor dem Hören der einzelnen Interviews gemeinsam mit den S die möglichen Lösungen, um sicherzustellen, dass die S die Lösungen verstehen. Spielen Sie jeweils ein Interview vor, lassen Sie die S die richtige Lösung ins Heft schreiben. Die S vergleichen nach jedem Interview zuerst in PA, bevor Sie im Plenum die Lösungen besprechen und korrigieren. Zum Schluss können noch einige S über die Personen berichten: *Der Junge heißt Matthias. Er kommt aus Österreich ...* (z. B.: Wer den Ball hat, berichtet und wirft dann weiter.) Sie können die Lösungen auch als HÜ verschriftlichen lassen.

Wortschatzwiederholung: Ü12, Ü13

⓬ Schalttafel: Die S sprechen in Kleingruppen über Herrn und Frau Martinez. Als HÜ schreiben die S die Sätze ins Heft. Hinweis: Man muss nicht bei jeder Aussage alle Spalten nutzen.

⓭ Die S ergänzen die Lücken zunächst mündlich und schreiben dann die vollständigen Sätze ins Heft.

Aussprache: Die S hören die einzelnen Wörter und sprechen sie nach. Danach können die S die Wörter nochmals laut lesen. Achten Sie besonders auf die Aussprache von *Sp (sch)* am Anfang von *sprechen, Sprache, Spanien* und auf das *-h*, das in den Beispielen *woher, hierher* und *Wohnhaus* aspiriert ausgesprochen wird, obwohl es nicht am Wortanfang steht. Der Grund dafür ist, dass es sich um zusammengesetzte Wörter handelt: Es steht also am Anfang des zweiten Worts (Grundwort).

Du kannst: Bekannte Vorgehensweise. Die S sind nun mit dem zweiten Modul fertig. Sie könnten, wie schon am Ende des ersten Moduls, gemeinsam mit den S noch einmal alle vier *Du kannst*-Abschnitte rekapitulieren. Die S probieren in PA aus, ob sie wirklich alle Strukturen anwenden können und notieren sich z. B. mit einem Smiley ☺☺☹, ob sie die einzelnen Strukturen sehr gut können ☺, gut können ☺, oder noch nicht so gut können ☹ und deshalb noch üben wollen. Für diese Rekapitulation können Sie auch selbst einen Fragebogen zu den vier Lektionen erstellen. Hier ein Beispiel, wie Sie einen solchen Fragebogen selbst entwickeln und aufbauen können. (Denkbar sind auch muttersprachliche Formulierungen.):

Ich kann ...	☺	☺	☹
... Gleichaltrige und Erwachsene fragen, was sie trinken möchten.			
... Gleichaltrige fragen, ob sie Haustiere haben.			
... eine Person nach ihrer Herkunft fragen.			

Zum Abschluss können Sie mit den S auch noch einmal zur Modul-Auftaktseite zurückgehen: Nun verstehen die S alles, was dort steht. Erklären Sie den S kurz den Zusammenhang zwischen den Lernzielen auf der Auftaktseite (*Du lernst ...*) und der abschließenden Bestätigung (*Du kannst ...*) am Ende jeder Lektion.

Wir singen: Klären Sie zuerst die Bedeutung von *ein bisschen* (die S kennen bereits *ein wenig* von Übung 7). Lesen Sie gemeinsam mit den S die beiden Strophen und lokalisieren Sie auf einer Landkarte die Stadt Aarau (Hauptstadt des Schweizer Kantons Aargau) und eventuell auch die Stadt Cooktown in Australien. Präsentieren Sie dann das Lied.

Lösungen und Hörtexte Kursbuch

1 **a.** *Das stimmt:*
2 (Zeilen 2, 5), 4 (Zeilen 10, 11), 5 (Zeilen 11, 12), 7 (Zeilen 15, 16)
Das stimmt nicht:
1 (*Richtig ist:* Er kommt aus Barcelona, Zeile 4), 3 (*Richtig ist:* Er spricht perfekt Deutsch, Zeile 6), 6 (*Richtig ist:* Er hat einen Sohn und eine Tochter, Zeilen 13, 14), 8 (*Richtig ist:* Frau Martinez möchte lieber in Spanien leben, Zeilen 17, 18)

b. wohnt, Nachbar, arbeitet, spricht, hat, Restaurant, verkauft, hat, Deutschland, möchte lieber

d. 1. Er ist der Nachbar von Familie Weigel.
2. Ja, er kommt aus Spanien.
3. Er wohnt in Augsburg.
4. Ja, er spricht perfekt Deutsch.
5. Er hat ein Restaurant, er verkauft spanische Spezialitäten.
6. Er hat einen Sohn, Fernando, und eine Tochter, Carmen.
7. Ja, er lebt gern in Deutschland.
8. Sie möchte lieber in Spanien leben.

3 A: Österreich, I: Italien, CH: Schweiz, GR: Griechenland, F: Frankreich, TR: Türkei, D: Deutschland, P: Portugal, GB: Großbritannien, PL: Polen

4 1. Aus der Türkei.
2. Aus Frankreich.
3. Aus Griechenland.
4. Aus Spanien.
5. Aus Deutschland.
6. Aus Österreich.

11 1. ● Hallo, wie heißt du?
● Ich heiße Matthias.
● Sag mal, Matthias, woher kommst du? Aus Deutschland?
● Nein, ich komme aus Österreich.

Modul 2, Lektion 4

- Du sprichst also Deutsch.
- Ja, aber auch Italienisch. Meine Mutter ist aus Bologna.
- Wohnst du auch in Österreich?
- Ja, in Salzburg.
- Danke, Matthias.

Lösung: Er heißt Mathias, kommt aus Österreich und wohnt in Salzburg. Er spricht Deutsch und Italienisch.

2.
- Hallo, wer bist du?
- Ich bin die Christine.
- Christine, woher kommst du? Aus Österreich?
- Nein, ich komme aus Südtirol.
- Und wo wohnst du in Südtirol?
- Ich wohne in Meran.
- Sag mal, Christine. Was sprichst du?
- Ich spreche natürlich Deutsch, aber auch Italienisch. Ich bin zweisprachig.
- Das ist aber sehr schön! Danke, Christine.
- Bitte.

Lösung: Sie heißt Christine, kommt aus Südtirol und wohnt in Meran. Sie spricht Deutsch und Italienisch. Sie ist zweisprachig.

3.
- Entschuldigung, wie heißen Sie?
- Ich heiße May, James May.
- Woher kommen Sie, Herr May?
- Ich komme aus England, ich bin Engländer.
- Und wo wohnen Sie zurzeit?
- Ich wohne jetzt hier in Deutschland, in Hamburg.
- Sie sprechen aber gut Deutsch. Was sprechen Sie zu Hause?
- Mit meinem Sohn spreche ich natürlich Englisch. Aber mit meiner Frau spreche ich nur Deutsch!

Lösung: Er heißt James May, kommt aus England und wohnt jetzt in Hamburg. Er spricht Deutsch und Englisch.

12 *Beispiele:*
Herr Martinez arbeitet in Augsburg. Herr Martinez spricht sehr gut Deutsch. Frau Martinez lebt nicht gern in Ausgburg. Frau Martinez spricht ein wenig Deutsch. ...

13 In Österreich und in Deutschland spricht man Deutsch. In der Schweiz spricht man Deutsch, Französisch und Italienisch (und Rätoromanisch). In England spricht man Englisch. In Portugal spricht man Portugiesisch. In der Türkei spricht man Türkisch. In Griechenland spricht man Griechisch.

Lösungen und Hörtexte Arbeitsbuch

1 Akif kommt aus der Türkei. Alice kommt aus den USA. John kommt aus England. Marec kommt aus Polen. Klaus kommt aus Deutschland.

2
1. Nein, sie spricht Griechisch.
2. Sie kommt aus den USA.
3. Er spricht Polnisch.
4. Nein, er kommt aus Deutschland.
5. Er kommt aus der Türkei.
6. Ja, er spricht Englisch.

3
1. Wo
2. Woher – Er kommt aus Augsburg.
3. Wo – In Süddeutschland.
4. Wo – Sie wohnt in Augsburg.
5. Woher – Er kommt aus Barcelona.
6. Wo – Mailand liegt in Italien.
7. Woher

4
1. aus – in – In
2. aus – aus – aus
3. in – in

Modul 2, Lektion 4

5 Italien: Italienisch; Spanien: Spanisch; Österreich: Deutsch; Schweiz: Deutsch, Französisch, Italienisch, Rätoromanisch; Amerika: Englisch; Frankreich: Französisch; Griechenland: Griechisch; Deutschland: Deutsch; Türkei: Türkisch; Portugal: Portugiesisch

6 Spanisch spricht man in Spanien. Deutsch spricht man in Deutschland, in Österreich und in der Schweiz. Englisch spricht man in England und in Amerika. Französisch spricht man in Frankreich und in der Schweiz. Griechisch spricht man in Griechenland. Türkisch spricht man in der Türkei. Portugiesisch spricht man in Portugal (und in Brasilien).

7
1. spreche
2. spricht
3. Sprecht – sprechen
4. sprechen
5. sprechen
6. sprichst – spreche
7. spricht

9 *Möglicher Dialog:*
● Woher kommst du?
● Ich komme aus Zürich. / Aus Zürich.
● Wo liegt Zürich?
● In der Schweiz.
● Sprichst du Deutsch, Italienisch und Französisch? / Sprichst du Deutsch oder Italienisch oder Französisch?
● Deutsch spreche ich sehr gut, Italienisch ein wenig, Französisch nicht so gut.
● Und du? Woher kommst du?

10 1. ● Alex, sprichst du Deutsch?
● Klar, ich komme aus Österreich, aus Salzburg.
● Und wo wohnst du? In Österreich?
● Nein, ich wohne zurzeit in München.

2. ● Herr Lopez, woher kommen Sie?
● Ich komme aus Madrid.
● Was sprechen Sie, Herr Lopez?
● Ich spreche natürlich Spanisch und ein bisschen Deutsch.
● Und wo wohnen Sie in Spanien? In Madrid?
● Nein, ich wohne in Barcelona.

3. ● Anna, bist du aus Italien?
● Nein, ich spreche Italienisch, aber ich komme nicht aus Italien.
● Und woher kommst du denn?
● Ich komme aus der Schweiz. Ich wohne in Lugano.
● Du sprichst aber gut Deutsch!
● Klar, meine Mutter kommt aus Zürich.

	1.	2.	3.
Name	Alex	Herr Lopez	Anna
Sprache	Deutsch	Spanisch, Deutsch	Italienisch, Deutsch
Herkunft	Österreich, Salzburg	Madrid (Spanien)	Schweiz
Wohnort	München	Barcelona	Lugano (Schweiz)

13 *Richtig ist:*
Spanien, Deutschland, Frankreich, Griechenland, Schweiz;
Restaurant, Nachbar, Zentrum, perfekt, er spricht

Modul 2, Lektion 4

Test

Vorname / Name _____

Klasse _____ Datum _____   ____/25 → Note: ____

A. Ergänze den Dialog.   ____/5

1. ● _____
   ● Ich heiße Laurence Dupré.
2. ● _____
   ● Natürlich spreche ich Französisch, aber auch Deutsch.
3. ● _____
   ● Ich komme aus Cannes.
4. ● _____
   ● Das liegt in Südfrankreich.
5. ● _____
   ● Ich wohne jetzt in Deutschland, in Saarbrücken.

B. Welche Sprache spricht man hier?   ____/5

1. Zürich: _____
2. Paris: _____
3. Wien: _____
4. Madrid: _____
5. Athen: _____
6. Lissabon: _____
7. Lugano: _____
8. Berlin: _____
9. Istanbul: _____
10. Rom: _____

C. Wo? – Woher? in – aus – Ergänze.   ____/10

1. _____ wohnt ihr? – _____ Stuttgart.
2. _____ liegt das? – _____ Süddeutschland.
3. _____ kommt Herr Martinez? – _____ Spanien.
4. _____ spricht man Griechisch? – _____ Griechenland.
5. _____ kommen Ali und Turgut? – _____ der Türkei.

D. Ergänze *sprechen* in der richtigen Form.   ____/5

1. _____ du Deutsch?
2. Ich _____ ein wenig Deutsch.
3. Was _____ man in der Schweiz?
4. Mary und John _____ nur Englisch.
5. _____ Sie Türkisch?

© Ernst Klett Sprachen GmbH, Stuttgart 2004

Wir trainieren: Hörtexte und Lösungen

❶
- Du bist der Andreas, nicht wahr?
- Ja.
- Und du kommst aus Deutschland, oder?
- Nein, eigentlich nicht. Ich komme aus Österreich.
- Woher genau?
- Aus Salzburg.
- Also wohnst du auch in Salzburg ...
- Nein ich wohne jetzt in Wien mit Mama. Papa wohnt immer noch in Salzburg.
- Sag mal, Andreas, hast du Haustiere?
- Nein, ich habe leider keine, aber ich möchte gerne einen Hund haben.

Das stimmt: 1, 3, 4

❷
- Steffi, wie heißen deine neuen Nachbarn?
- Sie heißen Richter.
- Und woher kommen sie?
- Sie kommen aus Düsseldorf. Aber Frau Richter ist Engländerin, sie kommt aus London.
- Spricht sie Deutsch?
- Ja, aber nicht sehr gut.
- Haben sie Kinder?
- Ja, einen Sohn, Robert, 8 Jahre alt.
- Und was machen sie jetzt hier in Frankfurt?
- Herr Richter ist Bankangestellter und arbeitet bei der Dresdner Bank.

Das stimmt: 1, 3, 6

❸ I. Nr. 1: Was möchten Sie trinken?
  Nr. 2: Na, Klaus, wie geht's dir?
  Nr. 3: Hast du Haustiere?
  Nr. 4: Sprichst du Deutsch?
  Nr. 5: Was ist das? Ein Sofa?

  Lösung: a 2, b 1, c 5, d 3, e 4

II. Nr. 1: Markus, magst du Tiere?
  Nr. 2: Wo wohnt ihr?
  Nr. 3: Möchtest du etwas trinken?
  Nr. 4: Wie findest du mein Wohnzimmer?
  Nr. 5: Ist das ein Bett?

  Lösung: a 3, b 1, c 2, d 5, e 4

❹ Lesen
Das stimmt: 1, 2, 4, 5

❺ Lesen
Das stimmt: 1, 4, 6

❻ Schreiben
Die Fragen:
1. Entschuldigen Sie, bitte. Wie heißen Sie?
2. Woher kommen Sie? Aus Frankreich?
3. Wohnen Sie in Paris?
4. Und wo wohnen Sie?
5. Sprechen Sie Französisch?
6. Sprechen Sie auch Deutsch?
7. Und woher kommt sie?
8. Haben Sie Kinder?
9. Sprechen die Kinder (auch) Deutsch und Französisch?
10. Danke, Herr Dupont.

❼ Schreiben
Pierre Dupont kommt aus Frankreich. Er wohnt in Lyon. Er spricht (natürlich) Französisch und (aber auch) Deutsch. Seine Frau kommt aus Österreich, aus Innsbruck. Sie haben zwei Kinder. Die Kinder sprechen Deutsch und Französisch, sie sind zweisprachig.

❾ Sprechen
Sprechkarten zum Kopieren und Ausschneiden auf Seite 52.

❿ Sprechen
Sprechkarten zum Kopieren und Ausschneiden auf Seite 53.

Modul 2, Wir trainieren

❾ Sprechkarten zum Kopieren und Ausschneiden

Modul 2, Wir trainieren

⑩ Sprechkarten zum Kopieren und Ausschneiden

Wohnen 1	Wohnen 2
Nachbarn	Schlaf-zimmer

Wohnen 3	Wohnen 4
Wo...?	Wie viele...?

Wohnen 5	Wohnen 6
klein/ groß...?	gemütlich

Modul 2, Abschlusstest

Test

Modul 2

Vorname / Name _____

Klasse _____ Datum _____   ____/25 → Note: ____

A. Zwei Interviews: Stell Fragen.   ____/10

Susanna
Name: _____
Wohnort: _____
E-Mail-Adresse: _____
Alter: _____
Geschwister: _____

Frau Berger
_____
_____
_____
verheiratet: _____
Kinder: _____

B. Ergänze die Tabelle.   ____/6

	sprechen	haben	mögen
ich			mag
du		hast	
er, sie, es	spricht		
wir			mögen
ihr		habt	
sie, Sie	sprechen		

C. Stell Fragen.   ____/5

1. _____? – Nein, das ist mein Sofa.
2. _____? – Nein danke, ich trinke nichts.
3. _____? – Ja, zwei Hunde.
4. _____? – Aus Portugal.
5. _____? – Danke, sehr gut.

D. Ergänze.   ____/4

Herr und Frau Martinez _____ Nachbarn _____ Familie Weigel.

Herr Martinez _____ gern in Deutschland, seine Frau _____ lieber in Italien leben.

© Ernst Klett Sprachen GmbH, Stuttgart 2004

Lösungen zu den Tests von Modul 2

Lektion 1:

A.
1. das Schlafzimmer
2. das Wohnzimmer
3. die Küche
4. das Bad
5. das Arbeitszimmer
6. der Abstellraum

B. *Mögliche Lösungen:*
Das Schlafzimmer ist groß. Das Wohnzimmer ist schön und gemütlich. Die Küche ist praktisch. Das Bad ist sehr klein. Das Arbeitszimmer ist groß. Der Abstellraum ist nützlich.

C. der Tisch: er, die Lampe: sie, der Garten: er, das Regal: es, die Dusche: sie

D.
1. kein – eine Lampe
2. kein – ein Stuhl
3. keine – ein Tisch
4. kein – ein Sofa
5. keine – ein Computer

Lektion 2:

A.
1. Hallo, wie geht's dir?
2. Guten Tag, Herr Meier, wie geht es Ihnen?

B.
☺ Danke, sehr gut.
😐 Danke, gut / Nicht schlecht.
☹ Sehr schlecht. / Nicht so gut.

C. *Mögliche Lösung:*
1. Hallo, Petra! Wie geht's?
2. Hallo, Klaus! Gut, danke.
3. Möchtest du etwas trinken?
4. Ja, gern. Eine (Dose) Cola.

D.
1. Glas
2. Tasse
3. Tasse

E.
1. möchtet
2. Trinken
3. dir – Mir
4. Ihnen – Mir

Lektion 3:

A. *Mögliche Lösung:*
1. Hast du Haustiere?
2. Ja, ich habe einen Hamster und drei Goldfische.
3. Was mag der (dein) Hamster? Und was mögen die (deine) Golfische?
4. Mein Hamster mag Salat und Karotten. Meine Goldfische mögen Würmer.
5. Ich habe leider keine Haustiere.

B.
1. einen – einen
2. eine – ein – einen
3. eine
4. keine

C.
1. Äpfel
2. Würste
3. Vögel
4. Mäuse
5. Hamster
6. Hunde

D. *Mögliche Lösung:*
1. Wie heißt deine Katze?
2. Was mag sie?
3. Wie macht sie?
4. Was mögen die (deine) Goldfische?
5. Hast du Goldfische?

Lektion 4:

A.
1. Wie heißen Sie?
2. Sprechen Sie Französisch?
3. Sprechen Sie auch Deutsch?
4. Woher kommen Sie?
5. Wo liegt das?
6. Wo wohnen Sie jetzt?

B.
1. Deutsch
2. Französisch
3. Deutsch
4. Spanisch
5. Griechisch
6. Portugiesisch
7. Italienisch
8. Deutsch
9. Türkisch
10. Italienisch

Modul 2, Lösungen Tests

C. 1. Wo – In
2. Wo – In
3. Woher – Aus
4. Wo – In
5. Woher – Aus

D. 1. Sprichst
2. spreche
3. spricht
4. sprechen
5. Sprechen

Abschlusstest zu Modul 2:

A. Zwei Interviews: Fragen

Susanna

Wie heißt du?
Wo wohnst du?
Wie ist deine E-Mail-Adresse?
(Hast du eine E-Mail-Adresse?)
Wie alt bist du?
Hast du Geschwister?

Frau Berger

Wie heißen Sie?
Wo wohnen Sie?
Wie ist Ihre E-Mail-Adresse?
(Haben Sie eine E-Mail-Adresse?)
Sind Sie verheiratet?
Haben Sie Kinder?

B. ich spreche, du sprichst, wir sprechen, ihr sprecht; ich habe, er / sie / es hat, wir haben, sie / Sie haben; du magst, er / sie / es mag, ihr mögt, sie / Sie mögen

C. 1. Ist das dein Bett?
2. Möchtest du etwas trinken?
3. Hast du / Haben Sie Haustiere?
4. Woher kommt sie?
   Woher kommen Sie?
5. Wie geht's dir / Ihnen?

D. sind – von, lebt – möchte

Zusatzübung zu Modul 2, Lektion 2:

Was sagen sie? Füll die Sprechblasen aus.

Modul 3, Lektion 1

Was isst du in der Pause?

Situation: Frau Weigel und ihre Kinder sind am Morgen, bevor die Kinder zur Schule gehen, in der Küche. Frau Weigel fragt ihre Kinder, was sie in der großen Schulpause essen wollen.

Sprechintentionen:
- einen Klassenkameraden / eine Klassenkameradin fragen, was er / sie essen / trinken möchte
- sagen, was man selber essen / trinken möchte
- sagen, dass man etwas Bestimmtes nicht essen / trinken möchte
- eine Speise / ein Getränk ablehnen und nach einer Alternative fragen
- sagen, dass man (keinen) Hunger und Durst hat
- etwas zu essen / trinken bestellen
- nach dem Preis fragen und auf diese Frage antworten

Strukturen: Präsens der Verben *essen, nehmen*; Akkusativ mit dem unbestimmten Artikel; die Verneinung *kein*.

❶ Betrachten Sie gemeinsam mit den S das Foto und ermuntern Sie die S, Vermutungen über die Situation und den Dialog zu äußern. Dieses Gespräch kann in der Muttersprache der S stattfinden. Fragen Sie z. B.: *Wo sind sie? Wie spät ist es? Warum bietet die Mutter Stefan einen Apfel an?* Lenken Sie anschließend die Aufmerksamkeit der S auf den Titel und laden Sie sie dazu ein, auf die Frage *Was isst du in der Pause?* zu antworten. Präsentieren Sie anschließend den Hörtext. Klären Sie die Bedeutung von *Schokoriegel* (siehe Abbildungen in Ü3, Seite 87).

❷ Die S lesen die Textbausteine vor und ergänzen dabei die Lücken mit den Informationen aus dem Hörtext.

❸ Wortschatz zum Thema „Speisen und Getränke für die Schulpause". Offizielle Einführung des Akkusativs, den die S aber schon von *Ich habe eine Schwester / einen Bruder* kennen. Lenken Sie die Aufmerksamkeit der S neuerlich auf die Farben blau, rot, grün und orange. Die S betrachten die Abbildungen, hören die einzelnen Ausdrücke und sprechen sie laut nach.

❹ Besprechen Sie mit den S den Grammatikkasten mit den Singularformen des unregelmäßigen Verbs *essen*.
Erweiterung: Die S gehen in der Klasse herum, interviewen sich und notieren die Antworten: *Frag sechs Personen in der Klasse, was sie in der Schulpause essen und trinken.* Vergleichen Sie die Antworten im Plenum, fragen Sie z. B. *Was isst und trinkt S1 in der Schulpause?* Wer die Antwort notiert hat, sagt sie und fragt danach *Was isst und trinkt S2 in der Schulpause?*
Variante: Sitz- oder Stehkreis. S1 beginnt und berichtet *Ich esse einen Kuchen.* S2 wiederholt *S1 isst einen Kuchen und ich esse ein Käsebrot.* S3 wiederholt *S1 isst einen Kuchen, S2 isst ein Käsebrot und ich esse eine Birne.* usw. Mit dieser Übung trainieren Sie den neuen Wortschatz, den Akkusativ, das Verb *essen* und die Merkfähigkeit der S. Abgesehen davon, macht den S diese Aktivität in der Regel viel Spaß. Hinweis: Wenn Sie einen Ball verwenden, ist die

siebenundfünfzig **57**

Modul 3, Lektion 1

Reihenfolge für die S nicht mehr vorhersehbar, d. h. sie müssen immer aufmerksam sein und können jederzeit an die Reihe kommen, da der S, der den Ball weiterwirft, bestimmt, wer als nächstes an die Reihe kommt.

❺ PA: Die S festigen den Bezug zwischen Geschlecht und Farbe. Beim Antworten könnten die S die Farbe mit dem Geschlecht ergänzen: *Wurstbrot. Blau, rot oder grün?*
– *Grün, neutral.*

❻ Lesen Sie den Titel vor und klären Sie die Bedeutung von *Ich habe Hunger. Ich habe Durst.* Weisen Sie die S darauf hin, dass die Farben der „Teller" wieder den Farben für die 3 Geschlechter und Plural entsprechen. Betrachten Sie dann mit den S den Grammatikkasten mit dem Akkusativ. Die S führen die Aktivität in PA oder in KG durch. Gehen Sie während der Sprechaktivität durch die Klasse und greifen Sie bei Schwierigkeiten helfen bzw. korrigierend ein. Abschließend oder als HÜ können die S einige Minidialoge ins Heft schreiben.

❼ PA: Die S fragen und antworten entweder wie im Beispieldialog oder sie variieren ihn folgendermaßen: *Isst Oliver einen Kuchen? – Ja, er isst einen Kuchen. / Isst Oliver eine Birne? – Nein, er isst einen Kuchen.*

❽ Besprechen Sie zuerst mit den S den Grammatikkasten mit der Negation *keinen, keine, kein* im Akkusativ und erklären Sie kurz die Bedeutung von *lieber*. Lesen Sie dann das Beispiel vor; zwei oder mehrere S können es anschließend ebenfalls laut lesen. Die S arbeiten in PA, gehen Sie während der Aktivität durch die Klasse und helfen Sie bei Schwierigkeiten. Als HÜ schreiben die S die Minidialoge ins Heft.

❾ Spielerische Festigung des Akkusativs: Gehen Sie nach der Spielanleitung Seite 89 vor.
Die Übung eignet sich zur Bildung neuer Paare, wenn Sie eine PA planen.
Variante: Die S arbeiten in KG und bekommen kleine Zettelstreifen mit den Fragen und den Antworten. Sie ordnen so schnell wie möglich den Fragen die passenden Antworten zu und notieren drei Beispielsätze im Heft. Hinweis: Die S können zu jeder Frage auch noch eine eigene Antwort überlegen und diese ebenfalls ins Heft schreiben.

❿ Präsentieren Sie den Hörtext zuerst bei geschlossenen Büchern: Die S notieren alle Speisen und Getränke, die sie hören können, und vergleichen die Ergebnisse in PA. Eventuell Sammeln der Ergebnisse an der Tafel. Anschließend hören die S den Hörtext bei geöffneten Büchern und notieren die richtigen Antworten ins Heft. Vergleich im Plenum.

⓫ Variation bzw. Erweiterung des Wortschatzes zum Thema „Essen" und Einführung des Verbs *nehmen*. Betrachten Sie gemeinsam mit den S die Abbildung und sprechen Sie – auch in der Muttersprache der S – über die Situation. Klären Sie die Bedeutung des Ausdrucks *Wurstbude*. Fragen Sie die S, ob es auch in ihrer Heimat Wurstbuden gibt und was man dort essen kann. Helfen Sie den S auch, die Bedeutung von *Speisen* und *Getränke* herauszufinden und rufen Sie ihnen neuerlich die Bedeutung der drei Farben rot, blau und grün in Erinnerung (*Gulaschsuppe,* rot = feminin). Die S hören zuerst bei geschlossenen Büchern zu und versuchen die beiden folgenden Fragen zu beantworten: *Was nimmt Stefan? Was nimmt Markus?* Danach folgt ein zweiter Hördurchgang bei geöffneten Büchern.

⓬ Besprechen Sie mit den S den Grammatikkasten, schreiben Sie die Konjugation des Verbs *nehmen* an die Tafel und markieren Sie den Vokalwechsel in der 2. und 3. Person Sg. mit Farbe. Die S arbeiten zu zweit und machen Minidialoge wie in den Beispielen a und b. Mit den Preisen können Sie die Zahlen wiederholen und festigen. Gehen Sie während der Aktivität durch die Klasse und helfen Sie bei Schwierigkeiten.

Wortschatzwiederholung: Ü13, Ü14

⓭ PA: Ein S zeigt auf eine Abbildung, z.B. auf das Mineralwasser, der Partner sagt: *Ich möchte ein Mineralwasser.* Die S zeigen und sprechen abwechselnd. Danach Verschriftlichung.

14 Die S machen in PA Minidialoge und schreiben sie anschließend ins Heft. Vergleich im Plenum.

Intonation: Ab Modul 3 finden Sie unter diesem Abschnitt nicht mehr einzelne Laute eines Wortes, sondern ganze Sätze zum Nachsprechen, um die S mit der deutschen Satzmelodie vertraut zu machen. Besprechen Sie mit den S die Bedeutung der Pfeile. Sie zeigen den Verlauf der Sprechmelodie.
Die Sprechmelodie fällt: ↘
– in Fragen mit Fragewort:
 Was kostet ein Hamburger?
– in sachlichen Aussagen:
 Ein Hamburger kostet 2 Euro 50.
Die Sprechmelodie steigt: ↗
– bei besonders freundlichen Fragen und bei Nachfragen: *Was isst du in der Pause?*

Die Pfeile sollen den S helfen, die Intonationsverläufe bei den gesprochenen Sätzen deutlich wahrzunehmen.

Die S arbeiten zuerst mit geöffneten Büchern (hören / mitlesen und nachsprechen), danach lesen die S die Sätze einzeln oder im Chor laut vor. Machen Sie den S die Wichtigkeit einer korrekten Aussprache und Intonation bewusst.

Du kannst: Bekannte Vorgehensweise.

Wir singen: Besprechen Sie mit den S den Text und die Bedeutung der Wörter und präsentieren Sie anschließend das Lied.

Lösungen und Hörtexte Kursbuch

7 Marion: eine Birne
Karin: eine Tafel Schokolade
Daniel: Chips
Peter: ein Wurstbrot
Martina: einen Apfel

10 ● Also, Markus, was isst du in der Pause?
● Ja … normalerweise esse ich einen Schokoriegel. Schokolade esse ich nämlich sehr gern. Und ab und zu esse ich einen Joghurt.

Lösung:
Markus isst einen Schokoriegel, ab und zu einen Joghurt.

● Eva, isst du auch Joghurt?
● Nein, keinen Joghurt. Ich esse Knäckebrote und trinke einen Saft.

Lösung:
Eva isst Knäckebrot und trinkt Saft.

● Und du, Bettina, was isst du in der Pause?
● Ganz unterschiedlich, einen Apfel oder eine Banane. Ja, manchmal auch einen Joghurt.

Lösung:
Bettina isst einen Apfel oder eine Banane oder einen Joghurt.

13 Ich möchte eine Limonade / einen Joghurt / ein Wurstbrot / einen Schokoriegel / Chips / eine Tafel Schokolade / einen Apfel / Mineralwasser.

14 1 c + d, 2 a, 3 b + f, 4 f, 5 c, 6 c + e

Siehe Zusatzübungen auf Seite 80 und Seite 85.

Lösungen und Hörtexte Arbeitsbuch

1 Ich esse einen Kuchen / eine Banane / einen Apfel / (einen) Joghurt / ein Wurstbrot / einen Schokoriegel / ein Käsebrot / Knäckebrote.

Ich trinke (einen) Kaffee / (eine) Limonade / (einen) Saft / (ein) Mineralwasser / (eine) Cola / (einen) Tee.

2 Ich möchte einen Apfel essen. / Ich möchte Chips essen. / Ich möchte eine Cola trinken. / …

3 2. eine – keine
3. einen – keinen
4. ein – kein
5. eine – keine,
6. einen – keinen

4 1 a / e, 2 c / f, 3 f, 4 a, 5 d, 6 b

5 1. kein
2. keinen
3. keinen
4. keine
5. keinen
6. keinen
7. keine
8. keine

6 *Zum Beispiel:*
Mutter: Was möchtest du in der Pause essen?
Marie: Ich möchte einen Schokoriegel.
Mutter: Vielleicht lieber einen Apfel?
Marie: Nein, ich möchte keinen Apfel, ich möchte einen Schokoriegel.
Mutter: Ich habe aber keinen Schokoriegel im Haus.
Marie: Dann nehme ich ein Käsebrot.
Mutter: Gut. Ok. Und was möchtest du trinken?
Marie: Eine Cola.

7 essen:
ich esse, du isst, er/sie/es isst, …, sie essen, Sie essen

nehmen:
ich nehme, du nimmst, … wir nehmen, ihr nehmt, …, Sie nehmen

8 eine Pizza – einen Birnensaft; einen Hamburger – eine Flasche Mineralwasser; ein Paar Würstchen – ein Glas Limonade; Chips – eine Cola; eine Torte – eine Tasse Kaffee; ein Wurstbrot – eine Cola

9 1. einen 5. eine
2. eine 6. einen
3. eine 7. ein
4. ein 8. Ein

10 *Mögliche Lösungen:*
1. Trinkst du ein Mineralwasser?
2. Möchtest du einen Kuchen?
3. Was isst du in der Pause?
4. Was isst Tina in der Pause?
5. Peter, was nimmst du?
6. Möchtest du etwas essen? / Hast du Hunger?

11 *Die Wörter von oben nach unten sind:*
die Chips, die Cola, der Kuchen, die Limonade, das Schinkenbrot, der Joghurt, die Wurst, die Pizza, das Käsebrot, der Hamburger, die Suppe, der Apfel.

Lösungswort: Schokoriegel

Modul 3, Lektion 1

Test

Vorname / Name

Klasse   Datum   ___/25 → Note: ___

A. Was isst du in der Pause? Schreib einen Dialog. ___/5

1. Deine Mutter (Was in der Pause? Apfel?):
   _____
2. Du (lieber Schokoriegel):
   _____
3. Mutter (kein Schokoriegel):
   _____
4. Du (dann Wurstbrot):
   _____
5. Mutter (keine Wurst, Käse):
   _____
6. Du: Gut, dann nehme ich ein Käsebrot.

B. Ergänze: einen, eine, ein? ___/10

1. Ich esse _____ Birne, _____ Kuchen, _____ Joghurt, _____ Banane, _____ Portion Pommes Frites, _____ Stück Torte.
2. Ich trinke _____ Cola, _____ Apfelsaft, _____ Glas Milch, _____ Tasse Tee.

C. Ergänze *essen, nehmen* in der richtigen Form. ___/5

1. Was _____ du in der Pause? (essen)
2. Peter _____ eine Currywurst (nehmen).
3. Ich habe keinen Hunger. Ich _____ nichts. (essen)
4. Was _____ ihr? (nehmen)
5. Wir _____ ein Stück Pizza. (essen)

D. Stell Fragen. ___/5

1. _____? – Nein, danke, ich trinke nichts.
2. _____? – Ich nehme einen Hamburger.
3. _____? – Nein, ich habe nur Durst.
4. _____? – Er kostet 2 Euro 25.
5. _____? – Nein, lieber eine Gulaschsuppe.

© Ernst Klett Sprachen GmbH, Stuttgart 2004

Modul 3, Lektion 2

Meine Schulsachen

Situation / Thema: Schule, Schulsachen, Stundenplan.

Sprechintentionen:
- sagen, was man im Federmäppchen hat
- eine Mitschülerin/einen Mitschüler fragen, ob sie/er einen Gegenstand braucht
- sagen, dass man einen Gegenstand braucht
- fragen, ob der Mitschülerin/dem Mitschüler ein bestimmtest Schulfach gefällt und auf diese Frage antworten

Strukturen: die Verben *brauchen, finden*, der Akkusativ mit dem bestimmten Artikel, die Zeitergänzung *(am Montag)*.

❶ Lesen Sie gemeinsam mit den S die drei Tabellen mit den Schulsachen und machen Sie die S wiederum auf die Bedeutung der Farben aufmerksam. Hörtext: Die S hören zu, lesen mit und sprechen nach.

❷ Festigung des Wortschatzes: Die S bauen in PA die Wörter wieder zusammen und schreiben sie mit dem richtigen Artikel ins Heft.

❸ Die S suchen zu allen Schulsachen die entsprechenden Pluralformen in der Liste und notieren beide Formen – Sg. und Pl. – ins Heft. Lassen Sie die S anschließend weitgehend selbstständig die Gesetzmäßigkeiten der Pluralbildung herausfinden (Selbstentdeckendes Lernen kommt der natürlichen Neugier Jugendlicher entgegen und unterstützt den Verstehens- und Lernprozess). Danach können Sie gemeinsam mit den S noch einmal die Pluralbildung systematisieren (siehe auch Modul 2, Lektion 9, Ü 9):
- maskulin auf *-e* (*Bleistifte*)
- unveränderliche Substantive maskulin (*Spitzer*)
- feminin auf *-n* (*Schultaschen, Scheren*)
- neutral auf *-e* (*Lineale*)
- unveränderliche neutrale auf *-ch* (*Mäppchen*)
- einsilbige maskulin auf *-er* + Umlaut (*Bücher*)
- Plural *-s* (*Radiergummis*)

❹ Festigung des Wortschatzes: Die S arbeiten in KG mit 3 bis 4 Personen und bereiten die Buchstabenkarten vor. Befolgen Sie die Spielanleitung im Buch. Hinweis: Sie können das Wort auf Deutsch oder auch in der Muttersprache der S sagen, was die Aktivität etwas anspruchsvoller macht.

❺ PA/Sprechen: Festigung des Artikels der Nomen. Die S antworten nicht nur mit der richtigen Farbe, sondern ergänzen sie durch den Genus (*Radiergummi* → blau, maskulin).

❻ Die S schreiben auf, was sie in ihrem Federmäppchen haben: Sie schreiben vier Listen für maskulin, feminin, neutral und Plural.

❼ a. Variante: Die S gehen in der Klasse herum, fragen drei andere S, was sie in ihren Federmäppchen haben und notieren die Antworten. Vergleich im Plenum mit der Frage: *Was hat S1 in seinem Federmäppchen?* Wer die Antwort notiert hat, sagt sie und stellt die nächste Frage usw.
b. Variante: Spiel mit dem Ball: S1 wirft den Ball S2 zu und fragt: *Wie viele Kugelschreiber hast du?* – S2 antwortet, fragt dann S3 z. B. *Wie viele Bücher hast du?* und wirft ihm den Ball zu usw.

❽ Hörverstehen/Festigung des Plurals: Lesen Sie mit den S die Pluralformen und fordern Sie sie dazu auf, die entsprechenden Singularformen zu bilden. Greifen Sie gegebenenfalls die Pluralbildung aus Ü3 nochmals auf. Die S hören zu und notieren die Antworten im Heft. Vergleich im Plenum.

❾ Einführung des Akkusativs mit dem bestimmten Artikel: Die S sprechen die Minidialoge in PA oder werfen sich gegenseitig einen Ball zu (wer wirft, fragt; wer fängt, antwortet usw.) Besprechen Sie gemeinsam mit den S den Grammatikkasten auf der nächsten Seite: In der Antwort *Ja, den brauche ich.* wird der bestimmte Artikel pronominal verwendet. Weisen Sie die S auch auf die zwei Möglichkeiten der Verneinung hin: *kein* verneint ein vorangegangenes Nomen mit dem unbestimmten Artikel, *nicht* verneint ein vorangegangenes Nomen mit dem bestimmten Artikel und einen ganzen Satz.
Die S können in PA die Dialoge variieren und ähnliche Minidialoge erstellen. Gehen Sie während der Aktivität durch die Klasse und erklären Sie die Arbeitsweise.

❿ Die S machen in PA Minidialoge. Verschriftlichung als HÜ.

⓫ Betrachten Sie mit den S Tinas Stundenplan, lassen Sie sie Vermutungen über die Bedeutung des Wortes *Stundenplan* und über die muttersprachlichen Entsprechungen der einzelnen Unterrichtsfächer anstellen. Lesen Sie anschließend die Fächer laut vor und lassen Sie die S nachsprechen. Hinweis: Die Wochentage kommen auch in Ü14 noch einmal vor.

⓬ Die S schreiben zwei Listen ins Heft: Liste 1: Fächer, die sie leicht (aufgrund der Ähnlichkeit zur Muttersprache) erkennen. Liste 2: Fächer, die sie nicht ohne Übersetzungshilfe erkennen.

⓭ Reihenübung: Erklären Sie vor Beginn der Aktivität die Bedeutung der Begriffe *Fächer/Lieblingsfächer*. Die S fragen sich reihum nach ihren Lieblingsfächern.
Variante a: Die S werfen sich den Ball zu und befragen sich.
Variante b: Interview mit fünf anderen S, die Antworten werden notiert. Vergleich im Plenum (Hinweis: Entweder müssen Sie dazu die Possessivartikel *sein/ihr* einführen oder auf die Konstruktion *Das Lieblingsfach von S1 ist ...* ausweichen.)

⓮ Betrachten Sie mit den S nochmals Tinas Stundenplan und erarbeiten Sie mit ihnen die Bedeutung der Wochentage. Die S arbeiten zu zweit und befragen sich gegenseitig zu Tinas Stundenplan. Lenken Sie die Aufmerksamkeit der S auf den Grammatikkasten (Frage: *Wann?* → Antwort: *am Montag/am Dienstag.*) Gehen Sie durch die Klasse und unterstützen Sie die S bei der Durchführung der Aktivität.

⓯ Stellen Sie im Plenum die Fragen *Findest du Mathe interessant? Findest du Mathe langweilig?* und erarbeiten Sie mit den S die positive bzw. negative Bedeutung der Adjektive in den beiden Kästchen. Lesen Sie dann den Dialog zwischen Tina und ihrer Interviewerin vor, lassen Sie die S nachsprechen und stellen Sie schließlich die gleichen Fragen einem S Ihrer Klasse. Anschließend führen die S die Übung in PA durch. Weisen Sie die S auf den Grammatikkasten hin: Konjugation Sg. des Verbs *finden*.
Variante: Interview von fünf anderen S, deren Antworten notiert werden müssen. Anschließend berichten einige S die Ergebnisse ihrer Umfrage im Plenum.

⓰ Lesen Sie vor dem Hören gemeinsam mit den S die Unterrichtsfächer und wiederholen Sie noch einmal die Adjektive mit positiver bzw. negativer Bedeutung von Seite 97. Anschließend hören die S den Hörtext und notieren im Heft die Lösungen. Vergleich im Plenum.
Variante: Die S hören zuerst bei geschlossenen Büchern zu und notieren die Unterrichtsfächer. Anschließend vergleichen sie ihre Ergebnisse in PA oder KG. Beim zweiten Hördurchgang sollen sie entscheiden, welche Fächer Tina mag und welche sie nicht mag (+/-).

Modul 3, Lektion 2

Wortschatzwiederholung: Ü17–Ü19

⓱ Buchstabensalat: die S ordnen die Buchstaben und schreiben die Fächer ins Heft. Vergleich in PA bzw. im Plenum.

⓲ Die S notieren die Wochentage ins Heft. Ergänzung: Reihenübung: die S zählen der Reihe nach alle Wochentage von Montag bis Sonntag auf. (Variante: umgekehrte Reihenfolge: von Sonntag rückwärts bis Montag.)

⓳ Die S arbeiten alleine oder in PA und schreiben die Antworten ins Heft. Vergleich im Plenum.

Intonation: Erinnern Sie die S an die Bedeutung der Pfeile (siehe Ausführungen zur „Intonation", Seite 59). Die S arbeiten zuerst mit geöffneten Büchern (hören/mitlesen und nachsprechen) und dann mit geschlossenen Büchern. Danach lesen die S der Reihe nach oder im Chor die Fragen und Antworten laut vor. Erinnern Sie die S daran, dass das Aussprache- und Intonationstraining auch zum Deutschlernen dazugehört.

Du kannst: Bekannte Vorgehensweise.

Wir singen: Das Lied festigt den Wortschatz zum Thema „Schulsachen" und den Akkusativ. Lesen Sie mit den S zuerst die drei Strophen und präsentieren Sie anschließend das Lied. Ermuntern Sie die S, eigene zusätzliche Strophen zu erfinden (z. B. *Hast du alles mit? Den Marker und das Lineal?*).

Lösungen und Hörtexte Kursbuch

❷ der Bleistift, das Mäppchen, das Buch, der Textmarker, der Spitzer, der Kugelschreiber, das Lineal, die Schultasche, die Landkarte, das Heft, die Schere, der Radiergummi, der Filzstift

❸ Gleiche Pluralformen:
ein Spitzer – zwei Spitzer
ein Textmarker – zwei Textmarker
ein Kugelschreiber – zwei Kugelschreiber

ein Bleistift – zwei Bleistifte
ein Lineal – zwei Lineale
ein Heft – zwei Hefte
ein Filzstift – zwei Filzstifte

eine Schere – zwei Scheren
eine Schultasche – zwei Schultaschen
eine Mappe – zwei Mappen
eine Landkarte – zwei Landkarten

❽ Also, mal sehen, ob ich alles habe.
1, 2 Bücher ... O.k: ... 2 Bücher;
1, 2, 3 Hefte, gut: 3 Hefte;
1, 2, 3, 4 Kugelschreiber ...;
1, 2 Bleistifte ... Ach ja, ...Textmarker nicht vergessen ...
Ich brauche heute 2 Textmarker, den roten und den gelben. O.k., die 2 Marker sind in dem Mäppchen. Was fehlt noch? Das Lineal, klar. Ich brauche nur eins. O.k., ich habe alles, ich habe nichts vergessen.

Lösung:
Stefan hat 2 Bücher, 3 Hefte, 4 Kugelschreiber, 2 Bleistifte, 2 Textmarker, 1 Lineal in seiner Schultasche. Er hat keinen Spitzer und keine Mappen.

❿ Eva sucht das Heft.
Florian sucht die Mappe.
Markus sucht den Filzstift.
Birgit sucht die Schere.
Peter sucht das Lineal.

16 Am Montag habe ich Deutsch. Das finde ich interessant. Dann habe ich Mathematik. Das mag ich gar nicht. Mathe ist wirklich langweilig. Dann habe ich zwei Stunden Sport. Sport ist super! Dann habe ich Erdkunde. Na, ja, Erdkunde ist nicht so schlecht. Nein, Erdkunde finde ich interessant. Und schließlich habe ich am Montag eine Stunde Geschichte. Das mag ich nicht. Geschichte finde ich uninteressant. Am Donnerstag habe ich zwei Stunden Musik. Toll! Ich mag Musik. Dann Englisch und Französisch. Englisch mag ich sehr. Englisch ist prima. Aber Französisch, nein, Französisch mag ich gar nicht, es ist so schwer.

Lösung:
Tina mag: Deutsch, Sport, Erdkunde, Musik, Englisch.
Sie mag nicht: Mathe, Geschichte, Französisch.

17
a. Deutsch
b. Mathematik
c. Geschichte
d. Englisch
e. Musik
f. Informatik

18 Montag, Dienstag, Mittwoch, Donnerstag, Freitag, Samstag, Sonntag

Lösungen und Hörtexte Arbeitsbuch

1
1. einen
2. einen
3. eine
4. ein
5. einen
6. ein

2 zwei Bücher, zwei Hefte, zwei Bleistifte, zwei Schultaschen, zwei Lineale, zwei Kugelschreiber, zwei Mäppchen, zwei Mappen, zwei Radiergummis

3
1. meinen
2. mein
3. meinen
4. meine
5. mein
6. meine

4
2. Was suchst du? Das Mäppchen? – Ja, ich suche das Mäppchen.
3. Was suchst du? Den Kugelschreiber? – Ja, ich suche den Kugelschreiber.
4. Was suchst du? Die Schultasche? – Ja, ich suche die Schultasche.
5. Was suchst du? Das Heft? – Ja, ich suche das Heft.
6. Was suchst du? Den Bleistift? – Ja, ich suche den Bleistift.

5 Ich brauche die Landkarte / das Lineal / die Schere / den Spitzer / die Bücher / den Bleistift / den Kugelschreiber / das Matheheft.

6 Ich möchte zeichnen. Ich brauche das Lineal / den Bleistift / den Spitzer / den Radiergummi.
Ich möchte basteln. Ich brauche die Schere.
Ich möchte lernen. Ich brauche das Heft / die Landkarte / das Buch.
Ich möchte lesen. Ich brauche das Buch.
Ich möchte schreiben. Ich brauche den Kugelschreiber / den Bleistift.

8
2. Herr Berger unterrichtet Sport.
3. Herr Stein – Mathematik
4. Frau Kohl – Geschichte
5. Frau Hentschel – Religion
6. Frau Schmidt – Englisch
7. Frau Hansmann – Deutsch
8. Herr Müller – Kunst.

Modul 3, Lektion 2

⑩ 1. Montag
2. Dienstag
3. Mittwoch
4. Donnerstag
5. Freitag
6. Samstag
7. Sonntag

⑫ ● Ich **finde** Deutsch interessant. Und du? Wie **findest** du Deutsch?
● Ich **finde** Deutsch schwer.
● Und Antonio? Wie **findet** er Deutsch?
● Er **findet** Deutsch langweilig.

⑬ ● Grüß dich, Sebastian. Ich bin Petra von der Schülerzeitung. Ich möchte dir ein paar Fragen über deine Lieblingsfächer stellen. Was hast du am liebsten?
● Sport, natürlich, Sport ist wirklich super!
● Ach, das hatte ich mir schon gedacht. Und wie findest du Deutsch?
● Unser Deutschlehrer ist zwar sympathisch, aber das Fach Deutsch ist langweilig.
● Lernst du auch Fremdsprachen?
● Ja doch, Englisch! Das finde ich prima, Englisch ist echt toll.
● Und was denkst du über Mathe und Biologie?
● Ach, Mathe ist blöd, aber Biologie ist sehr interessant.
● Danke für das Interview, Sebastian.
● Bitte sehr.

Lösung:
Er mag Englisch, Sport, Biologie. Mathe und Deutsch mag er nicht.

⑭ *Mögliche Lösungen:*
1. Brauchst du den Spitzer?
2. Was hast du in deinem Mäppchen?
3. Suchst du die Schere?
4. Was hast du am Montag?
5. Findest du Informatik interessant?
6. Wie findest du Geschichte?

⑱ Heute basteln wir ein Tier-Memory. Ich nehme **den** Bleistift und **das** Lineal und zeichne **die** Spielkarten. Dann nehme ich **die** Schere und schneide **die** Karten aus. Jetzt nehme ich Filzstifte und male Tiere auf die Karten: **den** Kanarienvogel male ich grün und gelb, **die** Katze schwarz, **die** Goldfische rot, **den** Hamster braun. Nun spielen wir Memory: Jeder nimmt eine Karte und nennt **das** Tier.

⑲ *So schreibt man die Wörter richtig:*
Bleistift, Kugelschreiber, Französisch, Mathematik, Deutsch, Spitzer, Radiergummi, Englisch, Informatik, Geschichte

Test

Vorname / Name _____

Klasse _____ Datum _____   ___/25 → Note: ____

A. Schreib einen Dialog. ___/6

1. Deine Tante (Lieblingsfach?): _____
2. Du: _____
3. Deine Tante (Wann?): _____
4. Du: _____
5. Deine Tante (gern Schule?): _____
6. Du: _____

B. Schreib Sätze mit *brauchen, suchen, haben*. ___/6

1. _____   4. _____
2. _____   5. _____
3. _____   6. _____

C. Was passt zusammen? Verbinde. ___/5

1. Wie findest du Deutsch?   a. Am Dienstag.   1 ___
2. Was hast du morgen?   b. Ja, die brauche ich.   2 ___
3. Wann hast du Musik?   c. Toll!   3 ___
4. Brauchst du die Schere?   d. Einen Spitzer und zwei Bleistifte.   4 ___
5. Was hast du in deinem Mäppchen? e. Englisch, Sport und Deutsch.   5 ___

D. Ergänze: den, die, das? ___/8

1. Hast du _____ Deutschbuch? – Nein, _____ Deutschbuch habe ich nicht.
2. Suchst du _____ Bleistift?
3. Was brauchst du? _____ Spitzer oder _____ Lineal?
4. Hast du _____ Bücher? – Ja, _____ Bücher habe ich alle mit.
5. Ich suche _____ Landkarte.

© Ernst Klett Sprachen GmbH, Stuttgart 2004

Modul 3, Lektion 3

Was gibt es im Fernsehen?

Situation: Diskussion über die Freizeitbeschäftigung Fernsehen, Auswahl der Fernsehprogramme.

Sprechintentionen:
- fragen und sagen, ob man gern fernsieht oder nicht
- fragen und sagen, wie lange man fernsieht
- Informationen über die Fernsehprogramme erfragen
- fragen und sagen, welche Fernsehsendung man am liebsten mag
- fragen und sagen, ob man eine Fernsehsendung mag oder nicht
- die Uhrzeit sagen (offizielle Form)

Strukturen: Präsens des Verbs *sehen*, Personalpronomen im Akkusativ (3. Person Sg. und Pl.), die Struktur *es gibt* + Akkusativ.

❶ Betrachten Sie gemeinsam mit den S das Fernsehprogramm und fragen sie, welche Sendungen die S kennen. Die S tauschen sich über die Sendungen aus – auch in der Muttersprache.

❷ Stellen Sie Ihren S Fragen: *Bist du ein Fernsehfan? Siehst du gern fern? Wie viele Stunden siehst du fern? Von wann bis wann?* Klären Sie dabei die Bedeutung von *Fernsehfan, fernsehen* (ohne explizit auf die Bildung der trennbaren Verben einzugehen).

❸ Umfrage in der Klasse: Die Übung greift die Fragen von Ü2 wieder auf: *Siehst du gern fern? Wie viele Stunden pro Tag? Von wann bis wann?* Die S interviewen 3-5 Personen und notieren die Antworten.

❹ Die S arbeiten in KG und berichten sich gegenseitig über die Ergebnisse der Umfrage. Gehen Sie durch die Klasse und helfen Sie den KG bei Schwierigkeiten. Anschließend können die Ergebnisse an der Tafel gesammelt werden. Ein S fragt in die Klasse: *Wer hat Informationen über S1, S2, ...?* und notiert die Ergebnisse an der Tafel; die S an der Tafel können sich auch abwechseln.

❺ Betrachten Sie mit den S die Zusammenstellung verschiedener Fernsehsendungen und erarbeiten Sie den unbekannten Wortschatz (die Fotos sind dabei sehr hilfreich). Weisen Sie die S wieder auf die Farben blau, rot und grün für die drei Artikel hin. Präsentieren Sie anschließend den Hörtext: Es handelt sich um kurze Ausschnitte der abgebildeten Sendungen. Die S sollen erraten, um welche Sendung es geht, und die Buchstaben a–h in die richtige Reihenfolge bringen.

❻ Die S hören zu und kontrollieren die Ergebnisse von Ü5. Die S hören die einzelnen Ausdrücke und sprechen sie laut nach.

❼ Lesen Sie zuerst den Text in der Sprechblase vor, sagen Sie anschließend, welche Sendungen Sie selbst gern sehen und fragen Sie einen S, was er gern sieht. Besprechen Sie mit der Klasse den Grammatikkasten mit der Konjugation des unregelmäßigen Verbs *sehen*. Fordern Sie die S dazu auf, sich nochmals die Sendungen von Seite 101 anzuschauen und sich auch die Pluralbildung der Ausdrücke einzuprägen (*die Quizshow → die Quizshows*). Reihenübung: Die S befragen sich der Reihe nach. Variante: Die S befragen sich kreuz und quer mit dem Ball.

8 PA: Die S verbinden die konkreten Namen der Sendungen a–h mit den dazu passenden Genres 1–8 und machen danach Minidialoge nach dem Modell. Gehen Sie während dieser Aktivität durch die Klasse, um die S bei Schwierigkeiten zu unterstützen.
Lesen Sie den Text in der Sprechblase vor und ermuntern Sie die S, der Reihe nach (Reihenübung) auf diese Frage zu antworten. (Der Ausdruck *Lieblingssendung* dürfte keine Verstehensschwierigkeiten bieten, da die S aus der Lektion 2 schon den Ausdruck *Lieblingsfach* kennen.)
Variante: Post-it-Spiel (Die S notieren ihre Lieblingssendungen auf kleine Zettel und hängen / kleben die Zettel / Post-its an die Tafel. Wenn alle Post-its hängen nimmt sich jeder S eines – aber nicht sein eigenes. Nun gehen alle S in der Klasse herum und versuchen durch Fragen so schnell wie möglich herauszufinden, wer das Post-it geschrieben hat.)

9 Einführung der Personalpronomen der 3. Person im Akkusativ und Festigung der Struktur *Wie findest du ...? – Ich finde ... interessant, langweilig, toll ...* aus Modul 3, Lektion 2, Ü15. Betrachten Sie mit den S die Situation, lesen Sie die beiden Sprechblasen vor und lenken Sie dann die Aufmerksamkeit der S auf den Grammatikkasten: Das Nomen und das dazu passende Personalpronomen haben wieder die bekannten Farben blau, rot, grün und orange. Weisen Sie die S darauf hin, dass die Personalpronomen der 3. Person im Akkusativ und im Nominativ bis auf die maskuline Form gleich sind, d. h. nur das maskuline Personalpronomen ändert sich: *er → ihn*.
Erarbeiten Sie zuerst zusammen mit den S den Wortschatz: *spannend, unterhaltsam, ...* und lassen Sie danach die S in PA Minidialoge machen. Gehen Sie durch die Klasse und unterstützen Sie die S bei der Durchführung der Aktivität. Als HÜ können die S einige Dialoge ins Heft schreiben.

10 Die offizielle Uhrzeit (Radio, Bahn, Flughafen, Fernsehen): Wiederholen Sie zuerst die Zahlen, z. B. mit einer Reihenübung. Variation: Die S lassen beispielsweise jede 5. Zahl aus und sagen statt dessen ein für sie schwer auszusprechendes Wort: 1, 2, 3, 4, Kulturprogramm, 6, 7, 8, 9, Kulturprogramm, 11, 12, 13, 14, Kulturprogramm, ...). Präsentieren Sie anschließend den Hörtext: Die S hören, lesen mit und sprechen nach.

11 Lesen Sie mit den S das Fernsehprogramm und klären Sie gemeinsam den neuen Wortschatz. Erklären Sie den S die Bedeutung der Abkürzung ZDF: Zweites Deutsches Fernsehen. Das erste heißt ARD (Allgemeiner Rundfunk Deutschlands). Erwähnen Sie eventuell noch einige Regionalsender der deutschen Bundesländer (Bayrischer Rundfunk, Hessischer Rundfunk) oder Privatsender (RTL, SAT 1, Pro 7).
Lesen Sie dann die Beginnzeiten der einzelnen Sendungen vor und lassen Sie die S nachsprechen. Ermuntern Sie die S, Äquivalente für die deutschen Sendungen in ihrer Heimat zu finden.

12 Erklären Sie den S die Bedeutung von *es gibt* + Akkusativ im Grammatikkasten (eventuell mit Hilfe der Überschrift der Lektion: *Was gibt es im Fernsehen?*). Die S arbeiten alleine und schreiben die Sendungen von Ü11 in die richtige Liste. Vergleich im Plenum: Die S lesen ihre Lösungen (*Wann gibt es einen Film? Wann gibt es einen Krimi?* usw.) vor.

13 PA: Die S fragen sich gegenseitig wie in den Beispielen a (Uhrzeiten) und b (Sendungen). Gehen Sie während dieser Sprechaktivität durch die Klasse und unterstützen Sie die S bei Schwierigkeiten, achten Sie dabei auf die Nennung der offiziellen Uhrzeiten.

14 Lesen Sie mit den S die Titel der Sendungen und deren Beginnzeiten, bevor Sie den Hörtext präsentieren. Hörtext: Die S hören zu und ordnen die Sendungen den Uhrzeiten zu. Vergleich im Plenum. Fragen Sie beispielsweise: *Wann gibt es „Notting Hill"? Um wie viel Uhr gibt es „Das Glücksrad"?* Die S können sich auch gegenseitig mit einem Ball befragen.

Modul 3, Lektion 3

Wortschatzwiederholung: Ü15–Ü18

15 Die S arbeiten zu zweit und notieren so viele Kombinationen wie möglich im Heft. Vergleich im Plenum.

16 Die S machen die Übung zunächst in PA mündlich. Danach Verschriftlichung.

17 Buchstabensalat: Die S suchen alleine oder in PA die Adjektive und erstellen im Heft zwei Listen: positive bzw. negative Adjektive.

18 Die S kombinieren in PA die Sätze 1-8 mit den Sätzen a-h und machen Minidialoge.

Intonation: Die S arbeiten mit geöffneten Büchern (hören/mitlesen und nachsprechen) und dann mit geschlossenen Büchern. Danach lesen die S die Fragen und Antworten einzeln oder im Chor laut vor.
Variante: Alle männlichen S lesen die Frage, alle weiblichen S lesen die Antwort, danach umgekehrt. (Auch eine PA ist beim lauten Vorlesen denkbar.)

Du kannst: Bekannte Vorgehensweise.

Lösungen und Hörtexte Kursbuch

5 1 d, 2 a, 3 g, 4 c, 5 b, 6 e, 7 h, 8 f

8 a 6, b 3, c 1, d 7, e 4, f 8, g 2, h 5

12 Wann gibt es einen Film / Nachrichten / eine Zeichentrickserie / die Sportschau / einen Dokumentarfilm / eine Krimiserie / Nachrichten / eine Quizshow / einen Spielfilm / ein Kulturprogramm?

14 Guten Abend, verehrte Zuschauer. Das Programm von heute Abend: Um 18.50 „Hallo Deutschland", das interessante Kulturprogramm mit nützlichen Tipps und Informationen für Jung und Alt. Um 19.30 Uhr „Das Glücksrad", die lustige Quizshow, präsentiert von Georg Schulz. Um 20.15 „Sport am Montag": nicht nur Fußball, sondern auch Tennis, Basketball und noch viel mehr... Um 21.30 Uhr gibt es dann die „Tagesthemen", aktuelle Nachrichten aus der ganzen Welt. Und schließlich, um 22.10 Uhr, der amerikanische Spielfilm „Notting Hill" mit Julia Roberts. Ich wünsche Ihnen viel Spaß und gute Unterhaltung!

Lösung:
a. 22.10 Uhr, **b.** 19.30 Uhr,
c. 20.15 Uhr, **d.** 21.30 Uhr

15 *Mögliche Kombinationen:*
die Sportsendung, die Sportschau, das Sportmagazin;
die Nachrichtensendung, das Nachrichtenmagazin;
die Krimiserie, die Krimisendung, der Krimifilm, der Dokumentarfilm, die Dokumentarsendung;
die Quizshow, die Quizsendung;
der Zeichentrickfilm, die Zeichentrickserie; der Spielfilm;
das Mittagsmagazin, die Mittagssendung; die Talkshow

16 Es ist dreizehn Uhr dreißig oder halb zwei; ... achtzehn Uhr fünfzig oder zehn vor sieben; ... einundzwanzig Uhr zehn oder zehn nach neun; ... siebzehn Uhr fünfzehn oder Viertel nach fünf; ... vierzehn Uhr oder zwei Uhr; ... zweiundzwanzig Uhr fünfundvierzig oder Viertel vor elf.

17 positiv: interessant, lustig, unterhaltsam, informativ, spannend, toll, nett
negativ: blöd, langweilig, uninteressant, doof

18 1 d / g, 2 f, 3 e, 4 g, 5 c, 6 d / h, 7 a, 8 b

Lösungen und Hörtexte Arbeitsbuch

❷ *Mögliche Lösung:*
● Siehst du gern fern?
● Ja, sehr gern.
● Viel?
● Ja, sehr viel, leider.
● Wie viele Stunden pro Tag?
● Vielleicht 2, 3 Stunden.
● Was siehst du gern?
● Sportschau, Krimis, Spielfilme.
● Ich sehe lieber Dokumentarfilme über Tiere.

❸ 1. ein Kulturprogramm
2. ein Krimi
3. ein Spielfilm
5. eine Quizshow
6. ein Dokumentarfilm

❹ der: Krimi, Film, Sport
die: Komödie, Serie, Sendung, Kultur, Show
das: Magazin, Programm
die (Plural): Nachrichten

❺ der: Dokumentarfilm, Spielfilm, Lieblingsfilm
die: Talkshow, Krimiserie, Tagesschau, Sportschau, Abendserie, Quizshow
das: Mittagsmagazin, Kulturprogramm, Fernsehprogramm, Literaturmagazin
die (Plural): Fernsehnachrichten, Sportnachrichten

❻ sehen: ich sehe, du siehst, wir sehen, sie sehen, Sie sehen
sprechen: ich spreche, er/sie/es spricht, ihr sprecht, sie sprechen, Sie sprechen

❽ *Mögliche Lösungen:*
3. Hans, wie findest du den Krimi? – Ich finde ihn spannend.
4. Frau Bauer, wie finden Sie den Dokumentarfilm? – Ich finde ihn interessant.
5. Stefan, wie findest du das Kulturprogramm? – Ich finde es uninteressant.
6. Peter, wie findest du die Talkshow? – Ich finde sie blöd.
7. Herr Müller, wie finden Sie die Quizshow? – Ich finde sie uninteressant.
8. Markus, wie findest du die Zeichentrickserie? – Ich finde sie super.

❾ 1. ihn, 2. ihn, 3. sie, 4. sie, 5. es, 6. sie

❿ 1. einen, 2. ein, 3. eine, 4. eine, 5. einen

⓫ 1. den, 2. das, 3. die, 4. die, 5. den

⓭ 1. Es ist acht Uhr fünfzig. (8.50 Uhr)
2. Es ist fünfzehn Uhr zehn. (15.10 Uhr)
3. Es ist vierzehn Uhr dreißig. (14.30 Uhr)
4. Es ist zwanzig Uhr zwanzig. (20.20 Uhr)
5. Es ist achtzehn Uhr fünfunddreißig. (18.35 Uhr)
6. Es ist zehn Uhr zwanzig. (10.20 Uhr)

⓮ *Mögliche Lösungen:*
1. Siehst du gern fern?
2. Was gibt es im Fernsehen?
3. Wann gibt es Nachrichten?
4. Was siehst du gern?
5. Möchtest du den Film sehen?
6. Wie findest du den Film?
7. Was ist deine Lieblingssendung?

⓰ Ich sehe jeden Tag fern, aber nicht viel, nur eine oder zwei Stunden. Besonders gern sehe ich Dokumentarfilme, sie sind sehr informativ und interessant. Am Abend sehe ich immer um zwanzig Uhr die Nachrichten und dann die Sportschau. Um 22.00 Uhr gehe ich ins Bett.

Modul 3, Lektion 3

Test

Vorname / Name

Klasse   Datum   ___/20 → Note: ___

A. Fragen und Antworten.   ___/5

1. _____? – Ja, Kulturprogramme sehe ich sehr gern.
2. _____? – Zwei Stunden pro Tag.
3. _____? – Meine Lieblingssendung ist „Millionenquiz".
4. _____? – Um 21.10 Uhr.
5. _____? – Einen Film mit Brad Pitt.

B. Was passt zusammen? Verbinde.   ___/5

1. Was siehst du gern?   a. Ja, ich sehe sehr gern fern.
2. Wie findest du die Sendung?   b. Sportsendungen.
3. Von wann bis wann siehst du fern?   c. Ich finde sie toll.
4. Bist du ein Fernsehfan?   d. Zwei Stunden.
5. Wie viele Stunden pro Tag siehst du fern?   e. Von 20.00 Uhr bis 21.30 Uhr.

C. Ergänze das Verb *sehen* in der richtigen Form.   ___/5

1. Was _____ du heute Abend?
2. Was _____ wir morgen Abend? Den Krimi?
3. Um 20.00 Uhr _____ Herr Meier immer die Nachrichten.
4. Was _____ ihr gern?
5. Peter möchte die Quizshow _____.

D. Ergänze: den, die, das; ihn, sie, es?   ___/5

1. Wie findest du _____ Krimi? – Ich finde _____ sehr spannend.
2. Und _____ Sportsendung? – Ich sehe _____ sehr gern.
3. Und wie findest du das Mittagsmagazin. – Ich finde _____ ziemlich interessant.

Um wie viel Uhr stehst du auf?

Situation: Beschreibung des Tagesablaufs (Beispiel: Tinas Tagesablauf).

Sprechintentionen:
- nach der Uhrzeit fragen und auf diese Frage antworten
- fragen, wann etwas Bestimmtes stattfindet und auf diese Frage antworten
- eine Freundin/einen Freund fragen, was er/sie die ganze Woche macht und auf diese Frage antworten
- eine Person fragen, wohin sie geht, und auf diese Frage antworten

Strukturen: das Präsens von *fahren*, trennbare Verben, das Fragewort *Wohin?*, die Präposition *in* + Akkusativ, die Temporal-Ergänzung mit den Präpositionen *um, am*; die Fragewörter der Zeit: *um wie viel Uhr, wie spät, wann, wie lange; Uhr* und *Stunde*.

❶ Betrachten Sie gemeinsam mit den S die Uhren mit den Uhrzeiten. Fragen Sie die S nach den Uhrzeiten – die S können ja bereits die Uhrzeit in der offiziellen Form ausdrücken. Erklären Sie dann den S, dass man die Uhrzeit auch anders sagen kann und wie man das macht.
Beim ersten Hördurchgang hören die S nur zu und sprechen nach, erst beim zweiten Hördurchgang lesen sie auch mit und sprechen nach.

❷ Gehen Sie auf die beiden Fragen *Wie viel Uhr ist es?* und *Wie spät ist es?* ein. Die S arbeiten alleine oder zu zweit und ordnen den Sätzen a-f die Uhrzeiten 1-6 zu. Vergleich im Plenum.

Wir singen: Das Lied führt den Wortschatz und die Strukturen ein, die man für die Beschreibung eines Tagesablaufs braucht. Bekannte Vorgehensweise: Lesen Sie gemeinsam die Strophen und klären Sie ihre Bedeutung. Anschließend hören die S das Lied.

❸ Betrachten Sie zusammen mit den S die Fotos und ermuntern Sie die S, diese zu beschreiben. Nach dem Lied sind den S Sätze wie *Tina steht auf. Tina fährt mit dem Bus zur Schule.* bereits bekannt. Gleichzeitig dürften sie aber auch keine Schwierigkeiten mit folgenden Sätzen haben: *Tina spielt Tennis. Tina isst mit Vati, Mutti und Stefan.*
Wir schlagen folgende Vorgehensweise zur Präsentation des Tagesablaufs vor: Teilen Sie die Klasse in vier Gruppen, jede Gruppe liest nur einen der vier Texte zu Tinas Tagesablauf und berichtet anschließend im Plenum darüber. Gehen Sie während dieser Leseaktivität durch die Klasse und helfen Sie den Gruppen bei Schwierigkeiten. Weisen Sie die S auch auf den Grammatikkasten auf Seite 109 hin: Konjugation Singular des unregelmäßigen Verbs *fahren*.

❹ PA: Die S arbeiten zu zweit und befragen sich gegenseitig zu Tinas Tagesablauf. Die S notieren die Antworten im Heft. Vergleich im Plenum.

❺ PA: Betrachten Sie zuerst gemeinsam mit den S den Grammatikkasten und erklären Sie ihnen die Bildung der trennbaren Verben.
PA: Die S ordnen den verschiedenen Aktivitäten die passende Uhrzeit zu und machen anschließend Minidialoge wie im Beispiel.

dreiundsiebzig 73

Modul 3, Lektion 4

❻ PA: Die S machen ein Partnerinterview und notieren die Antworten des Partners in Stichworten. Danach berichten sie im Plenum oder in KG über den Partner (nicht über sich selbst): *Er/sie steht um ... auf. Zum Frühstück ist er/sie ...*
Als HÜ schreiben die S ihren eigenen Tagesablauf auf.

❼ ❽ Tinas Wochenplan: Die S kennen bereits die Wochentage und die entsprechende Zeitergänzung (*am Montag, ...*). Neu eingeführt wird hier die Ortsergänzung (direktinal): Auf die Frage *Wohin?* kommt die Präposition *in* + Akkusativ. Lesen Sie zuerst einmal Tinas Wochenplan vor und erläutern Sie den neuen Wortschatz (z. B. *Fahrt nach München*.) Weisen Sie die S auch auf den Grammatikkasten auf Seite 111 hin. Die S arbeiten zu zweit und befragen sich wie in den Beispielen zu Tinas Wochenplan. Hinweis: Kleinschrittige Vorgehensweise: Die S notieren zuerst drei Fragen und stellen sie dann dem Partner. Gehen Sie durch die Klasse und greifen Sie gegebenenfalls unterstützend ein. Als HÜ können die S vier Minidialoge ins Heft schreiben.

❾ Hörverstehen: Festigung der Ortsergänzung auf die Frage *Wohin?* mit der Präposition *in* + Akkusativ.
Hinweis: Achten Sie auf den Ausdruck: *Er geht auf den Sportplatz.*
Erweiterung der Zeitergänzung mit *am*: Hier taucht auch *am Montagnachmittag, am Sonntagmorgen, ...* auf. Weisen Sie die S auch auf den Grammatikkasten hin: Bei Tagen und Tageszeiten kommt auf die Frage *Wann?* die Präposition *am*, bei Uhrzeiten die Präposition *um*. Die S hören zu und notieren die Lösungen ins Buch bzw. ins Heft. Vergleich im Plenum: Die S werfen sich einen Ball zu und stellen Fragen: *Wann geht Stefan in den Park? Wohin geht Stefan am Montagnachmittag?* usw.

❿ Die S füllen alleine ihren Wochenplan aus. Anschließend arbeiten sie in PA oder KG und berichten mündlich über ihre Wochenaktivitäten: *Am Montag, von 8.00 bis 13.00 Uhr, bin ich in der Schule. Von 13.00 bis 14.00 Uhr esse ich zu Mittag. Dann, von 14.00 bis 15.00, sehe ich fern. ...* Achtung: Weisen Sie die S auf die Wortstellung (Subjekt nach dem Verb) hin, wenn sie einen Satz nicht mit dem Subjekt, sondern beispielsweise mit der Uhrzeit oder Tageszeit beginnen. (*Ich bin am Montag in der Schule.* ↔ *Am Montag bin ich in der Schule.*)
Variante: Die S berichten in PA über ihren Wochenplan, machen Notizen über die Aktivitäten des Partners und berichten anschließend in KG oder im Plenum über den Partner.
Spiel: Jeder S bekommt die Kopie eines leeren Kalenderblattes, auf dem die ganze Woche zu sehen ist. Jeder S schreibt seinen Namen auf das Kalenderblatt und notiert drei Aktivitäten. Danach werden die Kalenderblätter immer nach rechts weitergereicht und jeder S fügt eine neue Aktivität hinzu. Dieser Vorgang kann einige Male wiederholt werden, maximal so oft, bis jeder S wieder sein eigenes Kalenderblatt zurückbekommen hat. Nun folgt eine Schreibaktivität: Jeder S schreibt 10 Sätze über „seinen" Wochenplan ins Heft. (Wenn mehr Zeit ist, können die S den ganzen Wochenplan verschriftlichen.)

⓫ PA: Die S stellen sich gegenseitig Fragen zu ihren Wochenplänen und notieren die Antworten. Anschließend berichten sie in KG oder im Plenum über den Partner.
Variante: Die S werfen sich gegenseitig einen Ball zu und stellen sich Fragen zu ihren Wochenplänen. Hinweis: Die S können auch den Wochenplan von Ü 10 als Unterlage für diese Aktivität verwenden.

⓬ Hörverstehen: Lesen Sie zuerst mit den S die Interview-Teile und stellen Sie sicher, dass die S die Sätze verstehen. Die S hören zu und bringen die Interview-Teile in die richtige Reihenfolge. Vergleich in PA: Die S sprechen den Dialog. Vorschlag: Die S können schon vor dem ersten Hören versuchen, in KG oder in PA die richtige Reihenfolge der Interview-Teile herauszufinden. Das anschließende Hören dient in diesem Fall als Kontrolle.

Wortschatzwiederholung: Ü13
⓭ Die S arbeiten zu zweit: Ein S zeigt auf eine Abbildung und stellt eine Frage dazu, der andere antwortet, zeigt auf eine neue Abbildung und fragt zurück.

Modul 3, Lektion 4

Intonation: Die S arbeiten mit geöffneten Büchern (hören/mitlesen und nachsprechen) und danach mit geschlossenen Büchern in PA. Abschließend können die S der Reihe nach oder im Chor laut lesen. Variante: Die weiblichen S fragen, die männlichen S antworten. Dann umgekehrt.

Du kannst: Bekannte Vorgehensweise. Die S sind nun mit Modul 3 fertig. Sie könnten, wie schon am Ende des 1. und 2. Moduls, gemeinsam mit den S noch einmal alle vier *Du kannst*-Abschnitte rekapitulieren. Die S probieren in PA aus, ob sie wirklich alle Strukturen anwenden können und notieren sich z. B. mit einem „Smiley", ob sie die einzelnen Strukturen sehr gut können, gut können, oder noch nicht so gut können und deshalb noch üben wollen. Für diese Rekapitulation können Sie auch selbst einen Fragebogen zu den vier Lektionen erstellen. Hier ein Beispiel, wie Sie einen solchen Fragebogen selbst entwickeln und aufbauen können. (Denkbar sind auch muttersprachliche Formulierungen.)

Ich kann ...	☺	😐	☹
...Gleichaltrige fragen, was sie in der Pause essen und trinken möchten.			
...meine Schulsachen benennen.			
...nach der Uhrzeit fragen und auf diese Frage antworten.			
...meinen Tagesablauf beschreiben.			

Lösungen und Hörtexte Kursbuch

2 1 e, 2 d, 3 a, 4 b, 5 f, 6 c:
Es ist fünf nach halb drei.

4 1. Um sieben Uhr.
2. Um halb acht.
3. Um zehn nach acht.
4. Fünf Stunden und zehn Minuten.
5. Sie fährt nach Hause zurück.
6. Sie lernt zuerst für die Schule, dann ruft sie Brigitte an. Zweimal in der Woche geht sie in den Tennisclub.
7. Um sieben Uhr.
8. Sie sieht bis halb zehn fern. Dann geht sie schlafen.

5 1 d, 2 g, 4 i, 5 a, 6 c, 7 f, 8 b, 9 e

9 Also, diese Woche bin ich wirklich voll beschäftigt. Am Montagnachmittag gehe ich mit Klaus und Markus auf den Sportplatz. Wir spielen zusammen Fußball. Am Dienstag, um 17.00 Uhr, gehe ich ins Schwimmbad. Ich besuche nämlich einen Schwimmkurs. Am Mittwochabend gehen wir alle ins Restaurant: Vati hat Geburtstag. Am Donnerstagnachmittag gehe ich in die Sprachschule. Ich lerne Italienisch ... Ciao, come stai? Bella giornata. Am Freitagnachmittag gehe ich in den Park und jogge. Am Samstagabend gehe ich mit meinen Eltern ins Kino. Am Sonntagmorgen gehen wir alle in die Kirche.

Lösungen:
1 c, 2 e, 3 f, 4 a, 5 d, 6 g, 7 b

12 1. ● Also, Martina, in welcher Klasse bist du?
○ Ich besuche die Klasse 8.
2. ● Um wie viel Uhr fängt die Schule an?
○ Die Schule fängt um 8.05 Uhr an.
3. ● Und wann ist der Unterricht aus?
○ Um 13.15 Uhr.
4. ● Hast du auch am Samstag Schule?
○ Nein, Schule ist jeden Tag von Montag bis Freitag.

funfundsiebzig 75

Modul 3, Lektion 4

5. ● Hast du auch am Nachmittag Schule?
   ● Ja, am Mittwoch. Da bleibe ich bis 15.30 Uhr in der Schule.
6. ● Und was machst du da?
   ● Ich besuche einen Musikkurs. Ich lerne Gitarre spielen.
7. ● Martina, sag mal, um wie viel Uhr stehst du auf?
   ● So kurz vor 7.
8. ● Danke, Martina.
   ● Bitte sehr.

Lösung:
E 1, G 2, F 3, A 4, D 5, B 6, C 7, H 8

Lösungen und Hörtexte Arbeitsbuch

❶ 1 b, 2 f, 3 d, 4 g, 5 h, 6 a, 7 e

❷ 1. Es ist halb vier.
2. Es ist fünf vor acht.
3. Es ist neun Uhr.
4. Es ist Viertel nach sechs.
5. Es ist fünf nach halb zehn.
6. Es ist zehn nach drei.

❹ 2. Um halb eins.
3. Um Viertel vor sieben.
4. Um zehn nach acht.
5. Um zwanzig vor elf.
6. Um fünf vor halb zwei.
7. Um zehn vor zwei.

❺ Um zwanzig nach sieben frühstücke ich. Um Viertel vor acht fahre ich zur Schule. Um fünf nach acht fängt die Schule an. Um halb zwei fahre ich nach Hause zurück. Um Viertel vor zwei esse ich zu Mittag. Von drei bis sechs mache ich Hausaufgaben. Um zehn nach sechs rufe ich Judith an. Von Viertel nach sechs bis sieben sehe ich fern. Um halb acht esse ich zu Abend. Um zehn vor zehn gehe ich schlafen.

❻ **fahren:** ich fahre, du fährst, wir fahren, sie fahren, Sie fahren

anfangen: du fängst ... an, wir fangen ... an, ihr fangt ... an, sie fangen ... an, Sie fangen ... an

aufstehen: ich stehe ... auf, er/sie/es steht ... auf, wir stehen ... auf, ihr steht ... auf, Sie stehen ... auf

❼ Wann frühstückt Monika? – Um zehn vor halb acht frühstückt sie. / Sie frühstückt um zehn vor halb acht.
Wann fängt die Schule an? – Die Schule fängt um fünf nach acht an. / Um fünf nach acht fängt die Schule an. Wann ruft Judith an? – Um zehn nach sechs ruft Judith an. / Judith ruft um zehn nach sechs an.
Wann sieht Judith fern? – Von Viertel nach sechs bis sieben Uhr sieht Judith fern.

❽ Um wie viel Uhr stehst du auf?
Um wie viel Uhr frühstückst du?
Was isst du zum Frühstück?
Wann fängt die Schule an?
Wie lange bleibst du in der Schule?
Um wie viel Uhr kommst du nach Hause zurück?
Was machst du am Nachmittag?
Siehst du gern fern?
Um wie viel Uhr isst du zu Abend?
Wann gehst du schlafen?

❿ Am Dienstag geht Stefan ins Kino.
Am Mittwoch fährt Stefan nach Stuttgart.
Am Donnerstag geht Stefan ins Schwimmbad.
Am Freitag geht Stefan in den Italienischkurs.
Am Samstag bleibt Stefan zu Hause.
Am Sonntag ruft Stefan Peter an.

⑪
1. in die
2. ins
3. in den
4. in den
5. in die
6. ins

⑫ 1 c, 3 b, 4 f, 5 a, 6 d

⑬
1. um
2. Am
3. um
4. um
5. Am – um
6. Am
7. um
8. Am

⑭
1. Uhr
2. Stunde
3. Uhr
4. Stunden
5. Stunden
6. Uhr
7. Uhr
8. Stunden

⑮
1. Jeden Tag steht er um 7.00 Uhr auf.
2. Am Freitagnachmittag gehen wir zusammen auf den Sportplatz.
3. Am Dienstag fängt die Schule um 9.00 Uhr an.
4. Am Abend sieht Anna nicht so gern fern.
5. Hans fährt um 13.30 Uhr nach Hause zurück
6. Um 19.00 Uhr rufe ich meine Freundin Monika an.

⑯
● Hallo, Susi.
○ Tag, Klaus.
● Du Susi, hast du heute Abend Zeit?
○ Wieso?
● Ja, ich möchte dich ins Kino einladen.
○ Das ist aber nett. Leider kann ich heute Abend nicht. Heute ist Donnerstag und am Donnerstag gehe ich in die Sprachschule. Ich lerne nämlich Italienisch.
● Und am Samstag? Hast du Samstag Zeit?
○ Ja, übermorgen bin ich frei.
● Gut, dann treffen wir uns direkt vor dem Kino, um 20.00 Uhr, o.k.?
○ O.k. Du ... ich bringe eine Freundin mit, Angelika. Hast du was dagegen?
● Na, ja, ... also ... o.k. Tschüs dann, bis Samstag.

Das stimmt:
1. ins Kino
2. Donnerstag
3. in die Sprachschule
4. am Samstag
5. Susi
6. blöd

⑰ am Sonntagmittag
am Freitagvormittag
am Dienstag, in der Nacht

⑱ *Das ist richtig:*
Dienstag, Mittwoch, Donnerstag, Samstag, Sonntag

Modul 3, Lektion 4

Test

Vorname / Name

Klasse   Datum   ___/25 → Note: ___

A. Was macht Martina? Erzähl.   ___/18

7.15 – aufstehen   Um Viertel nach sieben steht Martina auf.
7.30 – frühstücken   _____
7.45 – zur Schule fahren _____
8.15 – Schule, anfangen   _____
13.15 – nach Hause zurückfahren _____
13.30 – zu Mittag essen   _____
Nachmittag – Hausaufgaben machen _____
17.30 – ins Schwimmbad gehen _____
19.30 – zu Abend essen   _____
20.00-21.30 – fernsehen   _____

B. Wohin geht Eva?   ___/7

Musikschule – Karatekurs – Pizzeria – Schwimmbad – Kino – Brigitte

1. Montag: _____
2. Dienstagabend: _____
3. Mittwochnachmittag: _____
4. Donnerstag: _____
5. Freitagabend: _____
6. Samstag: _____
7. Aber am Sonntag bleibt sie _____ Hause.

© Ernst Klett Sprachen GmbH, Stuttgart 2004

Wir trainieren: Hörtexte und Lösungen

❶
- Herr Meier, Sie sind Taxifahrer von Beruf, nicht wahr?
- Ja ...
- Also, ein anstrengender Job ... Sagen Sie mal, Herr Meier, wann arbeiten Sie?
- Ich arbeite sechs Stunden pro Tag, und zwar abends, von 20.00 Uhr bis 2.00 Uhr.
- Was? Sie arbeiten bis 2.00 Uhr nachts?
- Ja, leider ...
- Und wann gehen Sie schlafen?
- So gegen 2.30 Uhr.
- Und wann stehen Sie auf?
- Ich stehe um 10.00 Uhr auf.
- Und was machen Sie dann?
- Ja, ich frühstücke, lese Zeitung und koche das Mittagessen für meine Tochter. Sie kommt um 13.15 Uhr von der Schule nach Hause zurück.

Das stimmt: 1, 2, 5

❷
- Frau Kohl, was machen Sie beruflich?
- Ich bin Kellnerin und arbeite in einem Restaurant in der Stadt.
- Und wie heißt das Restaurant?
- Es ist ein italienisches Restaurant und heißt „O sole mio".
- Und wann arbeiten Sie dort?
- Von Dienstag bis Sonntag. Montag ist Ruhetag, d.h. das Restaurant bleibt geschlossen.
- Und wie viele Stunden pro Tag arbeiten Sie?
- Acht Stunden, und zwar von 11.00 bis 14.00 Uhr und dann abends von 18.00 bis 23.00 Uhr.
- Und was machen Sie nach der Arbeit?
- Normalerweise gehe ich direkt nach Hause. Ich bin so müde ... Manchmal gehe ich mit meiner Kollegin Annette aus. Wir gehen ins Kino oder so was.
- Und um wie viel Uhr stehen Sie morgens auf?
- So gegen 9.00 Uhr.

Das stimmt: 1, 3, 5

❸ Hallo Petra, hier spricht Eva. Wir waren so verblieben, dass wir heute Nachmittag Tennis spielen gehen, oder? Also, ich habe Zeit, und wir können um halb vier in den Tennisclub gehen, ist das o.k.? Gut, wir treffen uns direkt dort. Also, um halb vier. Einverstanden? Tschüs.

Lösungen:
1. Sie gehen in den Tennisclub.
2. Um halb vier.

❹ Hallo Max, ich bin's, Timo. Hast du heute Abend schon etwas vor? Wir gehen alle ins Kino. Im Kapitol läuft der letzte Film mit Julia Roberts. Kommst du mit? Der Film fängt um 20.30 Uhr an. Wir treffen uns dort. Also, bis heute Abend dann.

Lösungen:
3. Sie gehen ins Kino.
4. Um halb neun.

❺
- Klaus, sag mal, was isst du in der Schule, ich meine in der Pause?
- Ich esse oft einen Apfel.
- Lernst du viel?
- Ja, also ... ich bin jetzt in der Klasse 8 und ich habe natürlich jeden Tag viele Hausaufgaben. Ich lerne zwei Stunden pro Tag, von 15.30 bis 17.30 Uhr.
- Und was machst du danach?
- Ich bin ein sportlicher Typ, ich gehe zweimal die Woche ins Schwimmbad. Ja, ich schwimme sehr gern.

neunundsiebzig

Modul 3, Wir trainieren

● Und was machst du am Wochenende?
● Am Samstagabend gehe ich oft mit meinen Eltern ins Kino.
● Siehst du fern?
● Nee, ich bin kein Fernsehfan, nur so 1-2 Stunden pro Tag, aber nicht am Nachmittag, sondern am Abend, nach dem Essen.
● Und was ist deine Lieblingssendung?
● Kommissar Rex, natürlich. Ich mag Krimis!
● Danke, Klaus.
● Bitte.

Lösungen:
1 b, 2 d, 3 b, 4 d, 5 a, 6 b

❻ Lesen
a: *Das stimmt:* 1 c, 2 b, 3 b
b: *Das stimmt:* 4 b, 5 c, 6 a

❼ Lesen
Das stimmt: 3, 5

❽ Lesen
Antworten:
1. Franz steht jeden Tag um halb elf auf.
2. Nach dem Frühstück geht er spazieren.
3. Um Viertel nach eins.
4. Um zwei Uhr geht er schlafen.
5. Nach dem Abendessen geht er aus, in die Kneipe oder ins Café.
6. Um Mitternacht.

❾ Schreiben
Das stimmt: 3

⓫ Sprechen
Sprechkarten zum Kopieren und Ausschneiden auf Seite 81.

⓬ Sprechen
Sprechkarten zum Kopieren und Ausschneiden auf Seite 82.

Zusatzübung zu Modul 3, Lektion 1:

Was sagen sie? Füll die Sprechblasen aus.

Modul 3, Wir trainieren

⑪ Sprechkarten zum Kopieren und Ausschneiden

1

2

3

4

5

6

7

8

Sprechkarten zum Kopieren und Ausschneiden

Alltag 1	Alltag 2
Hausaufgaben	Um wie viel Uhr...?

Alltag 3	Alltag 4
Wohin...?	Wie findest du...?

Alltag 5	Alltag 6
Lieblingssendung	Was...?

Alltag 7	Alltag 8
Stundenplan, Fächer	essen

Modul 3, Abschlusstest

Test

Modul 3

Vorname / Name
_____
Klasse   Datum   ____/25 → Note: _____

A. Antworte frei. ____/10

1. Was isst du in der Pause? – _____
2. Magst du Hamburger? – _____
3. Was brauchst du heute in der Schule? – _____
4. An welchen Tagen hast du Mathe? – _____
5. Was gibt es heute Abend im Fernsehen? – _____

B. Nominativ (N) oder Akkusativ (A)? Kreuz an. ____/7

1. Was kostet eine Portion Pommes frites?   N   A
2. Ich nehme einen Hamburger.   N   A
3. Der Film fängt um 20.30 Uhr an.   N   A
4. Wir sehen eine Quizshow.   N   A
5. Brauchst du heute das Lineal?   N   A
6. Ich habe keinen Kuli.   N   A
7. Trinkst du ein Glas Milch?   N   A

C. Bau Sätze mit den Verben. ____/3

fernsehen: _____
anfangen: _____
aufstehen: _____

D. Was passt zusammen? ____/5

Wer geht mit mir	in den in die ins	Schwimmbad Stadt Stadion Kino Park	?

_____
_____
_____
_____
_____

© Ernst Klett Sprachen GmbH, Stuttgart 2004

Lösungen zu den Tests von Modul 3

Lektion 1:

A. 1. Was möchtest du in der Pause essen? Einen Apfel?
2. Ich möchte lieber einen Schokoriegel.
3. Ich habe keinen Schokoriegel.
4. Dann esse (nehme) ich ein Wurstbrot.
5. Ich habe keine Wurst, nur Käse.

B. 1. eine – einen – einen – eine – eine – ein
2. eine – einen – ein – eine

C. 1. isst
2. nimmt
3. esse
4. esst
5. essen

D. *Mögliche Lösungen:*
1. Möchtest du etwas trinken?
2. Was nimmst du?
3. Möchtest du etwas essen?
4. Was kostet der Hamburger?
5. Isst (Nimmst) du ein Stück Pizza?

Lektion 2:

A. *Mögliche Lösungen:*
1. Was ist dein Lieblingsfach?
2. Informatik.
3. Wann hast du Informatik?
4. Am Donnerstagvormittag und am Freitagnachmittag.
5. Gehst du gern in die Schule?
6. Es geht. / Ja, sehr gern. / Nicht so gern.

B. *Mögliche Lösungen:*
1. Ich brauche das Lineal.
2. Suchst du deinen Kugelschreiber?
3. Hast du mein Buch?
4. Wo ist mein Mäppchen?
5. Ich brauche eine Schere.
6. Hast du einen Radiergummi?

C. 1 c, 2 e, 3 a, 4 b, 5 d

D. 1. das – das
2. den
3. Den – das
4. die – die
5. die

Lektion 3:

A. *Mögliche Lösungen:*
1. Siehst du manchmal das Kulturprogramm?
2. Wie oft siehst du fern?
3. Was ist deine Lieblingssendung?
4. Um wie viel Uhr gehst du ins Bett?
5. Was gibt es heute im Kino?

B. 1 c, 2 d, 3 a, 4 f, 5 b, 6 e

C. 1. siehst
2. sehen
3. sieht
4. seht
5. sehen

D. 1. den – ihn
2. die – sie
3. es

Lektion 4:

A. Um halb acht frühstückt sie. Um Viertel vor acht fährt sie zur Schule. Um Viertel nach acht fängt die Schule an. Um Viertel nach eins fährt Martina nach Hause zurück. Um halb zwei isst sie zu Mittag. Am Nachmittag macht sie Hausaufgaben. Um halb sechs geht sie ins Schwimmbad. Um halb acht isst sie zu Abend. Von acht bis halb zehn sieht sie fern.

Modul 3, Lösungen Tests

B. *Mögliche Lösungen:*
1. Am Montag geht sie in die Musikschule.
2. Am Dienstagabend geht sie in den Karatekurs.
3. Am Mittwochnachmittag geht sie in eine Pizzeria.
4. Am Donnerstag geht sie ins Schwimmbad.
5. Am Freitagabend geht sie ins Kino.
6. Am Samstag geht sie zu Brigitte.
7. Aber am Sonntag bleibt sie zu Hause.

Abschlusstest zu Modul 3:

B. 1. N, 2. A, 3. N, 4. A, 5. A, 6. A, 7. A

C. *Mögliche Lösungen:*
Brigitte sieht nicht so oft fern.
Die Schule fängt um 8.00 Uhr an.
In der Woche steht Tina um 7.00 Uhr auf.

D. Wer geht mit mir ins Schwimmbad / in die Stadt / ins Stadion / ins Kino / in den Park?

Zusatzübung zu Modul 3, Lektion 1:

Was sagen sie? Füll die Sprechblasen aus.

Singen macht Freude

Auf Liederreise - 50 deutsche Volkslieder

50 bekannte und beliebte Lieder aus dem ganzen deutschen Sprachraum. Zusätzliche Worterklärungen und landeskundliche Hintergrundinformationen in einfacher Sprache. Modernes Layout – für einen abwechslungsreichen Unterricht.

Liederheft mit Noten und Akkordangaben, wahlweise mit Kassette oder CD.

Auf Liederreise
50 deutsche Volkslieder

- Liederheft 64 Seiten   3-12-**675080**-x
- Audio CD 40 Minuten   3-12-**675081**-8
- Kassette 40 Minuten   3-12-**675083**-4

Bestellung und Beratung bei Klett:
Ernst Klett Sprachen, Klett Edition Deutsch
Postfach 10 60 16, 70049 Stuttgart
Telefon 0711 · 66 72-13 33, Telefax 0711 · 66 72-20 80
www.klett-edition-deutsch.de

Die neue Grammatik zum neuen Lehrwerk

Klar und übersichtlich:
99 Doppelseiten erklären und üben 99 Grammatikkapitel.

Einfache Regeln:
Jeder Lerner kann die Grammatikerklärungen verstehen.

Praxisnah:
Zahlreiche Übungen sind kleine Texte und Dialoge aus dem Alltag. Sie zeigen, wie und wann man die Grammatik benutzt.

Systematisch:
Die Grammatikthemen kommen in der gleichen Reihenfolge wie im Unterricht:
Die ersten Kapitel sind leicht – auch der Wortschatz ist einfach – dann kommt Schritt für Schritt ein bisschen mehr dazu.
Klipp und Klar lässt sich deshalb parallel zu jedem Grundstufenlehrwerk benutzen.

Prüfungsrelevant:
Alle wichtigen Grammatikthemen des neuen Zertifikat Deutsch werden geübt.

Nützlich:
- mit vielen Bildern, die die Grammatik darstellen
- mit Lerntipps, Grammatiktabellen und Register

Klipp und Klar

- mit Lösungen
  256 Seiten
  3-12-**675236**-4

- ohne Lösungen
  232 Seiten
  3-12-**675238**-0

Bestellung und Beratung bei Klett:
Ernst Klett Sprachen, Klett Edition Deutsch
Postfach 10 60 16, 70049 Stuttgart
Telefon 0711 · 66 72-13 33, Telefax 0711 · 66 72-20 80
www.klett-edition-deutsch.de

Deutsch auf Deutsch

PONS Basiswörterbuch Deutsch als Fremdsprache

Sie suchen ein Wörterbuch, das Sie Ihren Schülerinnen und Schülern empfehlen können?
PONS Basiswörterbuch Deutsch als Fremdsprache, der praktische Lernbegleiter, ist genau das Richtige für Ihre Deutschlernenden.
Sie finden dort auf 496 Seiten rund 8000 Stichwörter. Die Wörter, die sie für das Zertifikat lernen müssen, sind markiert.
Zu jedem Wort gibt es eine einfache deutsche Erklärung sowie Beispiele und Redewendungen.

PONS Basiswörterbuch Deutsch als Fremdsprache

- Broschur   3-12-**517203**-9

- Hardcover   3-12-**517206**-3

Bestellung und Beratung bei Klett:
Ernst Klett Sprachen, Klett Edition Deutsch
Postfach 10 60 16, 70049 Stuttgart
Telefon 0711 · 66 72-13 33, Telefax 0711 · 66 72-20 80
www.klett-edition-deutsch.de